Dos mujeres

Gertrudis Gómez de Avellaneda

Gertrudis Gómez de Avellaneda

Dos mujeres

El día del cumpleaños de Elvira Carlos fue advertido de que comería con ellos la condesa, y, aunque de manera alguna le fuese lisonjero el aviso, fue exacto en acudir a la hora señalada.

Encontró a las dos amigas solas en el gabinete de Elvira, y vista a la luz del día Catalina, con un sencillo y elegante traje de alepín oscuro, y sin más adorno en la cabeza que los profusos rizos de sus negros cabellos, le pareció más bonita que con todas sus galas de baile.

Carlos, aunque al principio algo embarazado, no tardó en sentir la influencia del trato fácil y franco de la condesa, que, sin hacer estudio para conducir a la confianza, parecía inspirarla involuntariamente.

Durante la comida, y después de ella, supo Catalina mantener una conversación tan variada como entretenida, y Carlos se admiró de no encontrar en nada de cuanto decía, ni la pedantesca pretensión de una mujer instruida, ni la locuacidad insustancial de Elvira. Había una magia indecible en la elegancia natural con que se explicaba la condesa, y los asuntos más triviales de conversación eran revestidos por ella con una gala de accesorios originales, y observaciones momentáneas y felices. Elvira junto a ella hablaba menos que de costumbre, tanto era el placer que tenía en oírla, y el mismo Carlos empezó a comprender el poder de atracción que se atribuía a la condesa. Las horas que pasó con ella no se le hicieron largas, y, aunque era naturalmente silencioso cuando se hallaba con personas de quienes no tenía largo conocimiento, tuvo un placer aquel día en mantener la conversación a Catalina, dándola con esto motivo para que conociese así la vivacidad y penetración de su talento, como la exactitud de su juicio. Catalina parecía gozar también en obligarle a hablar, y para animarle en la conversación aparentaba algunas veces contradecirle; pero siempre con tanta finura, con tan exquisita y natural urbanidad, que Carlos no hallaba en su oposición sino nuevos motivos de admirarla.

Elvira estaba atónita al ver cuán bien se encontraban juntas dos personas a quienes suponía antipáticas: alegrábala tanto esta observación que, deseando acabar de reconciliarlas, rogó a Carlos las acompañase a la comedia. No se negó éste y Catalina no pudo ocultar la satisfacción que le inspiraba lo que creía su triunfo. Aquella alegría de la vanidad satisfecha no se le escapó al joven, y estuvo a punto de retractar su promesa. Mientras las dos damas se disponían para el teatro, paseábase descontento por su aposento, procurando explicarse a sí mismo la causa de aquella imprudente alegría que mostrara la condesa al oír su asentimiento a la súplica de Elvira.

Tenía Carlos poquísima vanidad, y aun diremos sobrada sencillez y modestia para poder interpretar a su favor aquel movimiento de la condesa, y, en vez de sospechar que la lisonjease ir con él al teatro, ocurriósele que no era más que un objeto de burla para la artificiosa coqueta.

-Acaso se propondrá -pensaba él-, sacar partido de mi carácter, que Elvira le ha pintado como raro y extravagante, para divertirse en sus momentos de fastidio; acaso el placer de ridiculizar a un hombre que no la ha atribuido ningún homenaje, será triunfo apetecido de su mezquina vanidad de mujer.

Y Carlos se decía casi a mandar en sus excusas a Elvira, cuando ésta llegó ya vestida a la puerta de su aposento diciéndole:

-Estamos a las órdenes de Ud., querido primo, vanidosas con el placer de tenerle por nuestro caballero esta noche.

La condesa se presentó al mismo tiempo y Carlos no tuvo ya medio de evadirse. Presentolas el brazo en silencio y marchó con ella, bien resuelto a desconcertar cualquier plan que la condesa pudiera haber formado, observando con ella en el teatro una conducta en extremo reservada y fría. Y a la verdad cumplió exactamente su propósito. Colocado en el palco junto a Elvira y frente a frente con la condesa, evitó cuidadosamente que jamás se encontrasen sus ojos con los de ésta, y, aunque las dos damas hablasen con frecuencia de manera que él pudiese tomar parte en la conversación, hizo particular estudio en no dirigir la palabra nunca a la condesa.

Una vez, en un entreacto de la comedia, Elvira dijo riendo:

-He observado, querida Catalina, que no te conviene traer contigo al teatro a nuestro primo, pues te usurpa muchas miradas que cuando estamos solas te son casi exclusivamente dirigidas. Noto muchos anteojos flechados de los palcos hacia el nuestro y fijos, si no me engaño, en la nueva y bella figura que hoy le adorna; y aun tus adoradores examinan con una curiosidad inquieta al que acaso suponen un nuevo competidor.

-En tal caso -respondió la condesa, jugando distraídamente con su abanico-, su posición es tan errónea como impertinente su curiosidad.

-El que no descuida en manera alguna de nosotras -añadió Elvira-, es el marqués de ***; está esta noche muy asiduo en el palco de la duquesa de R. ¿Le has notado?

-No, ciertamente -respondió con indiferencia Catalina, y volviéndose a Carlos de repente le preguntó con un gracioso mohín-: ¿Le parece a Ud. muy bella esa señorita inglesa, a la que mira tan atentamente hace una hora?

-Es, en efecto, hermosa -respondió él sin dejar de mirar a la dama que motivó la pregunta-, pero lo que en ella atrajo mi atención, señora, fue menos su hermosura que la semejanza que creí notar entre su rostro y el de otra persona ausente que me es muy querida.

La condesa se turbó un poco y tardó en hablar. Recobrando enseguida su sonrisa hechicera, aunque algo desdeñosa, dijo a Carlos:

-¿Conque Ud. gusta de las rubias? En efecto, no falta poesía en esos ojos celestes, y en esos cabellos que parecen en torno de una frente de nácar una diadema de oro. En España, en Andalucía, sobre todo, son raras estas figuras y deben tener todo el mérito de la novedad. Según he oído a Elvira, Ud. se ha educado en Francia. ¿Será bajo aquel cielo menos ardiente que el de España donde Ud. ha conocido la persona cuyo recuerdo le es tan caro?

-No, señora -contestó fríamente Carlos-. Ella ha nacido en el suelo andaluz, pura y fragante como sus flores.

-Ya comprendo -dijo Catalina, deshojando con precipitación y sin advertirlo el ramillete de flores que llevaba en la mano, según estilo de su país-, ya comprendo porque está Ud. tan triste y retirado de la sociedad. Ama Ud. y está separado del objeto de su amor.

-¡De mi primero y único amor!... -exclamó él con fuego-, sí señora, estoy hace un mes lejos de ella, de mi Luisa.

-¡Su Luisa!... -repitió Catalina, poniéndose pálida y dejando caer su destrozado ramillete- ¡Pues qué! ¿Es cierto que ama Ud.?

-¿No lo sabía Ud.? -repuso él con un tono de sorpresa muy natural.

-Es verdad -dijo riendo Elvira-, ahora me acuerdo que no he dicho nada a Catalina. El caso es que yo misma lo olvido sin cesar; pero luego la referiré cuanto sé de la historia de Ud.

Mientras hablaba Elvira, Carlos miraba a la condesa atónito al observar la repentina mudanza de su fisonomía. ¿Por qué se había demudado Catalina?, ¿qué le importaba a ella que Carlos amase o no? Sería posible que aquella mujer tan indómita y tan lisonjeada hubiese concebido una afición seria por un joven sin mundo, sin celebridad, a quien no había visto más que dos veces? Estos pensamientos pasaron en tropel por la imaginación de Carlos, y sus ojos fijos en Catalina procuraban hallar en su rostro la explicación de sus dudas, cuando la puerta se abrió, y el marqués de *** se presentó perfumando el palco con su almizclado pañuelo de batista, y con una rosa que traía al ojal.

La condesa hizo un gesto de disgusto, y apenas se hubo acercado a hablarla su amante le dijo en voz bastante alta, para que Carlos pudiese oírla:

-¿A qué viene Ud., caballero? ¿Cómo se ha determinado Ud. a dejar un instante a la duquesa? ¿Acaso le advirtió ella que yo había notado la graciosa amabilidad con que acaba de otorgar a las súplicas de Ud. esa rosa que hace un momento adornaba su seno, y que ahora luce sobre el de Ud.? ¿Le ha dicho ella que viniese por compasión a dirigir alguna galantería a la mujer que, testigo de su inconstancia de Ud. y del triunfo de una rival, no ha tenido el talento de saber disimular el despecho y la sorpresa que, a pesar suyo, se ha debido pintar en su rostro...?

El marqués, atónito al oír estos terribles cargos, se esforzó inútilmente en refutarlos, jurando por su honor que aquella rosa no había pertenecido jamás a la duquesa, y que él la había traído al teatro con ánimo deliberado de regalarla a Catalina, pues ésta no le escuchaba y parecía tan poseída de cólera, que Elvira que jamás la había visto dar tal importancia a las infidelidades del marqués, creía estar soñando. Por lo que hace a Carlos, las palabras de Catalina le habían descubierto toda la necedad de sus primeras conjeturas, y, convencido de que la sagaz coqueta observaba a su amante mientras fingía ocuparse de él, se volvió hacia la escena y se ocupó exclusivamente de la comedia, cuyo segundo acto comenzaba.

Mientras tanto, Catalina y el marqués seguían en voz baja una conversación muy animada, reducida toda ella a acusaciones y a quejas de la una parte, y a humildes excusas de la otra. Elvira, que no perdía una palabra, se inclinó al oído de Carlos y le dijo:

-Apostaría cualquier cosa a que la orgullosa Catalina empieza a enamorarse de veras de este tronera. Nunca la he oído las cosas que está diciendo esta noche... Y si ha de casarse algún día, al fin vale más que sea con el marqués, que, aunque es una mala cabeza, es rico y lleva un ilustre apellido. ¿No piensa Ud. lo mismo, Carlos?

-Poco me importa, señora -respondió-, que la condesa ame o no ame el marqués, y que sea o deje de ser su esposa..., pero creo que si existe una mujer capaz de representar tales escenas de celos en una publicidad, por un hombre a quien no ame y con el cual no enlazarse, es indudablemente una loca.

-Hable Ud. más bajo por Dios... ¡Qué manía tiene Ud. de gritar! Creo, ojalá me engañe, que ha oído a Ud., Catalina. No hay duda: vea Ud., vea Ud. cómo le mira: se ha distraído completamente de lo que la dice el marqués, y no hace más que mirarle a Ud. con unos ojos...!

-Déjela Ud. -dijo Carlos sonriéndose y volviéndose al escenario, con una afectación de desdén digna de la misma Catalina.

-¿Tendré el honor de que Ud. me reciba después del teatro? -preguntó el marqués.

-Esto es insoportable -contestó con distracción la condesa-. Esto es un marcado desprecio.

¡Cómo, señora! ¿Es posible que Ud. interprete así mi natural pretensión? El sólo anhelo de justificarme a los ojos de Ud...

-Marqués -interrumpió Catalina. tomando súbitamente un aspecto risueño-: Había pensado no ir esta noche a la tertulia de la señora de B..., pero he mudado de intención. Espero a Ud. en mi casa después de la comedia para que me acompañe.

El marqués, aunque sin duda conocía muchos de los caprichos de la condesa, no sabía qué pensar de todo lo que la oía decir en aquella noche. Era para él un enigma cuando pasaba, y sólo pudo deducir de ello su vanidad que había, por fin, esclavizado aquel voluble corazón. Salió, pues, del palco hinchado de satisfacción, y, dando una mirada desdeñosa a Carlos, cuya hermosa figura había llamado su atención, pero cuya nulidad para con la condesa acababa de conocer en las muestras de preferencia que en presencia suya acababa ésta de concederle.

Y ¡cuántos hombres tan sagaces como él no fundan sus pretendidos triunfos en datos aún más equivocos! Cuántos se verían desengañados de sus vanidosos sueños si pudieran adivinar los motivos secretos a que se deben muchas veces las señales de preferencia que les dispensa una mujer!... Pero no es de nuestro interés el descubrir todos los pequeños e invisibles resortes de la astucia y el talento femenino, y nos contentaremos con tributarle el justo homenaje de nuestra admiración.

Cuando el marqués salió del palco de la condesa finalizaba el segundo acto, y Carlos cuyos ojos no tenían ya un pretexto para permanecer clavados en la escena, se volvió hacia Elvira, sin hacer atención de su compañera.

-Dejo a Ud. un momento, amable prima -la dijo-, para ir a saludar a la señora de Castro que está en el palco del frente.

-Vaya Ud. con Dios, pero creo -añadió a media voz Elvira-, que haría Ud. muy bien en decir antes algunas palabras conciliatorias a Catalina. Es indudable que oyó lo que Ud. decía y que se ha enojado de veras.

-Haría mal en enojarse de una observación que otro cualquiera en mi lugar hubiera hecho -contestó Carlos-, y como no sé de qué palabras podré valerme para disipar su enfado, que, por otra parte, no me importa nada, ruego a Ud. me dispense de intentarlo.

Salió al concluir estas palabras haciendo una ligera cortesía a la condesa, y ésta le siguió con los ojos hasta que la puerta del palco se cerró tras él.

-Entonces -dijo a Elvira con un tono de mal humor que hasta entonces no había usado con ella- ¿por qué has querido traer al palco a ese insoportable y grosero andaluz?

-Perdona -respondió desconcertada Elvira-. Como tú misma le invitaste y me mostraste tanto empeño...

-¡Empeño!... Desatinas, Elvira. Y ¡bien! ¿Quién es esa divinidad de quien se muestra tan enamorado? ¿Eres tú la confidente de ése sin igual y amartelado amante? Creo que has dicho que me referirías la historia de su corazón. Veamos, debe ser curiosa, poética.

-No es sino muy común y prosaica -contestó Elvira volviendo a mirar a Carlos, que hablaba en el palco del frente con la señora de Castro-. A mí me da lástima que tan joven, tan sin experiencia le hayan metido en empeños tan formales, porque creo...

-¿Pues qué? -la interrumpió con un gesto de impaciencia la condesa-: ¡son tan serios sus compromisos!, ¿en qué consisten?, ¿cuáles son?

-En aquel momento entraron a saludar a las dos amigas varios caballeros y no pudo satisfacer Elvira la curiosidad de la condesa. Levantábase el telón y salían los nuevos visitantes, cuando volvió Carlos, y, estando tomado por otro el asiento que había ocupado antes junto a Elvira, se mantuvo de pie cerca de Catalina.

Ésta no podía disimular la especie de inquietud que la dominaba, y después de haberse esforzado inútilmente en mostrarse atenta a la representación, se volvió a Carlos y le dijo:

-Señor de Silva, me siento indispuesta, y no quisiera distraer de su diversión a Elvira. ¿Querrá Ud. hacerme el favor de acompañarme fuera? Necesito respirar el aire libre un momento.

Carlos con poquísima gracia la ofreció el brazo, y diciendo una palabra en voz baja a su amiga, salió con él la condesa sin que ni uno ni otro se dijesen nada.

Bajando la escalera fue cuando habló Carlos preguntándola secamente a dónde quería que la condujese.

-A mi casa -respondió con impetuoso despecho-, a mi casa... El coche aún no habrá venido. No importa: iré a pie.

-Como Ud. guste -dijo Carlos, y continuaron andando en silencio-.

Cerca ya de casa de la condesa, dijo ésta a su taciturno compañero:

-Caballero, pido a Ud. mil perdones por el mal rato que le he dado, alejándole del teatro donde tan agradablemente podía ocuparse en contemplar a la hermosa rubia que tan dulces recuerdos le proporcionaba.

-Señora -respondió él, siempre con su tono seco y desabrido-, esos recuerdos son compañeros inseparables de mi corazón y mi memoria.

-¿Tanto ama Ud. A su Luisa? -dijo esforzándose para sonreírse Catalina.

Y animándose súbitamente Carlos, y dando a su semblante y a su voz una expresión de entusiasmo y de inefable y sublime ternura, contestó:

-¡Que si la amo! ¡Sí, señora! ¡Y compadezco a todos los corazones que hallen ridícula o exagerada mi constante, mi inextinguible y acendrada pasión! La amo, sí, como se ama la vida, a la felicidad... ¡Mas todavía! La amo como un fanático puede amar a Dios, con un amor ciego, absoluto, inmenso. La amo como a mi primero y último amor, como al origen de todos mis placeres y virtudes, como el consuelo de todas mis penas, como a la tierna compañera de toda mi vida. ¿Que si la amo, dice Ud.? ¡Ah, señora!, pregúnteselo Ud., a esta emoción que, a pesar mío, me ha dominado al oír pronunciar a Ud. el nombre adorado de Luisa.

Y Carlos volvió la cabeza para ocultar una lágrima que se asomaba a sus párpados, avergonzado de una ternura que en su concepto debía parecer ridícula a la condesa.

-Nada -respondió ésta, pero su brazo, que se apoyaba en el de Carlos, tembló un momento, y al llegar a la puerta de su casa se detuvo como fatigada, llevando la mano sobre su corazón.

-Señor de Silva -díjole con voz mal y segura y que revelaba su emoción-, un amor como el de Ud. es raro, muy raro en la vida, y nunca lo siente un corazón vulgar. Pero el amor, por grande que pueda ser, no es eterno a la edad de Ud. A veces el corazón nos engaña... De todos modos, es feliz, muy feliz sin duda la mujer que ha sabido inspirarlo, y si es digna de él...

-¡Digna de él! -exclamó Carlos , presentándola la mano para ayudarla a subir la escalera-: ¡Señora! Mi esposa es un ángel.

-¡Su esposa! -repitió ella retirando su mano, como si la hubiese picado una víbora.

-¡Pues qué! ¡Está Ud. casado! Diga Ud., ¿está Ud. casado?...

-¿Qué nuevo artificio es éste? -se preguntaba a sí mismo Carlos, atónito de la acción y del acento trémulo de Catalina- ¿Qué pretende esta mujer?, ¿qué intenta aparentar?

-Responda Ud. -repitió ella con la misma ansiedad, inmóvil en mitad de la escalera, como si la hubieran clavado en ella. ¿Es Ud. casado?

-Sí, señora -respondió sin turbarse, aunque sorprendido cada vez más del tono de su interlocutora-. Hace más de un año que los lazos más santos e indisolubles me ligan con la mujer más buena y más amada.

-Basta -dijo secamente la condesa, volviendo a dar su mano a Carlos; y continuó subiendo la escalera deprisa, aunque conocidamente trémula. Llegando a la puerta, despidiole con una muda cortesía.

Volviendo al teatro atravesaba Carlos las calles maquinalmente y sin acertar a darse cuenta a sí mismo de lo que acababa de presenciar. La conducta de la condesa le parecía tan extravagante, tan enigmática, tan incomprensible, que cuanto más quería explicársela más se perdía en el laberinto de sus conjeturas.

Llegó al teatro sin haber sacado nada de su largo examen, y al subir la escalera encontró a Elvira.

-La comedia se ha concluido -le dijo ella-, y no quiero quedarme al baile y al sainete. Cuando no está conmigo Catalina todo me fastidia. Pero ¿dónde está?, ¿no vuelve? Me dijo que salía a tomar un poco el aire.

-La dejé en su casa -dijo Carlos-, y creo que su indisposición no será nada. Sin duda, está ya disponiéndose para esperar al marqués que debe llevarla a una reunión.

-Lo que es yo no la acompañaré esta noche, y así ruego a Ud. me lleve a mi casa.

Carlos, destinado a ser conductor de damas, aquella noche la dio el brazo y todo el camino sólo contestó por monosílabos a las innumerables preguntas de Elvira, que no cesó de hacer comentarios sobre la conducta de su amiga con el marqués, preguntando su opinión a Carlos.

- X -

Ocho días habían pasado desde aquel que ocupa todo el último capítulo que acaban de ver nuestros complacientes lectores, durante los cuales Carlos apenas había visto tal cual vez a la condesa, por encuentros casuales en el teatro a donde transcurrió algunas noches, pues Catalina no había vuelto a casa de Elvira ni Carlos se había determinado, a pesar de las repetidas instancias de ésta a acompañarla otra vez a la de la condesa, que continuaba su vida brillante y disipada, aumentando cada día el número de sus adoradores.

Pero cuando ambas amigas se engolfaban en el océano de sus diversiones, Elvira fue súbitamente atacada de una enfermedad peligrosa, que se anunció desde sus principios con síntomas alarmantes.

En tal circunstancia, Carlos creyó un deber suyo dedicarse exclusivamente al cuidado de su prima y lo hizo con tanta asiduidad como cariño. La condesa, por su parte, apenas supo la enfermedad de su amiga, voló a su lado redoblando sus cuidados a medida que parecía agravarse la dolencia.

Encontrábanse ella y Carlos con frecuencia junto al lecho de Elvira, pero como si ambos hubiesen olvidado lo ocurrido en su última conversación, tratábanse recíprocamente con fría urbanidad.

El tercer día de la enfermedad aumentose tan considerablemente la postración de Elvira, que los médicos que la asistían la declararon en inminente riesgo, y por la noche se temió una crisis peligrosa. La condesa declaró que velaría toda la noche a la cabecera de su amiga, y por su orden se recogieron a descansar las criadas de Elvira, fatigadas de la asistencia que la habían prestado en las noches anteriores. Carlos creyó no deber dejar a la condesa sola el cuidado de la enferma, y la pidió permiso de velar con ella, cuando vio que era inútil intentar persuadirla a que le confiase a él su asistencia.

De esta manera, encontráronse por toda una noche a la cabecera de una mujer enferma, y unidos en cierta manera por un mismo cuidado y un mismo interés.

Hallábase él algún tanto embarazado al verse en semejante posición. Casi le parecía mentira que veía a la más brillante mujer de Madrid constituida con él en enfermera, y pensaba, a pesar de toda la amistad que Catalina podía profesar a Elvira, se encontraría violenta y como fuera de su elemento.

Hacia la media noche la doliente pareció más agitada, y la condesa, que hasta entonces no había hecho más que espiar sus más leves movimientos, con muda y pasiva atención, tomó entonces también actividad. Carlos se admiró al ver el desembarazo y esmero con que atendía, multiplicándose -por decirlo así-, a todo lo que podía ser provechoso a su amiga. Ella variaba su posición, mullía sus almohadas, preparaba y la ofrecía las medicinas, adivinaba lo que quería, evitándola cualquier molestia con infatigable esmero. Carlos deseaba ayudarla siempre tarde. Catalina lo preveía todo y todo lo ejecutaba, con una vivacidad sin aturdimiento y una vigilancia sin afectación.

Al verla con un sencillo peinador de indiana y su gorro de punto, ponerse de rodillas para calentar los pies de la enferma, o atizar por sí misma la lumbre en que se calentaban las bebidas, en fi, descender a todas las molestias que trae consigo la asistencia de un enfermo. Carlos no reconocía a la bella condesa de S.***, de quien hasta entonces había evitado cuidadosamente la amistad, y comenzó a sospechar que no era juzgada con justicia, y que él mismo era culpable por la dureza con que la había tratado. Conmovíale la ternura que mostraba su amiga, y durante las largas horas de aquella penosa noche, más de una vez fijó en ella sus ojos con una expresión de benevolencia que no había usado hasta entonces.

La agitación de la enferma crecía por momentos, y comenzó a delirar. Catalina multiplicaba sus cuidados y Carlos, que se veía inútil, limitábase a sostener en sus brazos la cabeza de Elvira, que parecía hallarse mejor de aquel modo. En su delirio no la abandonaba su locuacidad natural. Hablaba de bailes, de trajes, de sus compañeras de placeres, y seguidamente, y sin ningún género de transición ni ligamento, de sus hijas, de su enfermedad, y de la muerte que se pronosticaba.

Carlos intentaba en vano hacerla callar.

-Déjeme Ud., caballero -decía ella fijando sus ojos, ardientes con la fiebre, en el rostro de Carlos-, déjeme Ud. ¿Quién es Ud. para venir a dar órdenes en mi casa? ¿No puedo ya ni aun hablar de mis hijas? ¡Mis hijas que van a quedar huérfanas! Porque yo muero... ¡No hay remedio: yo muero! Que venga catalina: que vayan a traerla al momento. Estará en su casa o en el paseo... No importa: Vendrá, estoy cierta. Quiero recomendarle a mis hijas. ¿No sabe Ud., caballero, que ella es su madre más que yo? Sí, señor, porque ellas y yo estábamos arruinadas... Los acreedores llovían y no había remedio. ¡Estábamos arruinadas!...

-Por Dios, Elvira -dijo interrumpiéndola la condesa y asiendo entre las suyas una de las manos de la enferma. Calla, tranquilízate.

-Pues bien, que traigan a Catalina. ¿No le he dicho ya, caballero? -proseguía la delirante- . ¿No fue ella quien salvó a mis hijas de la ruina? ¿No fue ella quien pagó muchas de mis deudas, quien me perdonó las que tenía mi marido con el suyo, quien administró mis bienes hasta entregármelos libres, aumentados...? ¿No es ella quien ha sido constantemente mi bienhechora, mi consuelo, mi apoyo...?

-¡Elvira! ¡Elvira! -exclamó la condesa-: Aquí estoy, aquí, a tu lado, pero si no callas me marcharé traspasada de dolor.

-Déjela Ud. hablar -dijo Carlos con emoción-, déjela Ud. hablar. Lo que acaba de revelar en su delirio responde victoriosamente a todas las viles imputaciones de sus enemigos de Ud. y de ella. ¡Señora! Yo debía también oírla para saber apreciar a Ud. y arrepentirse de mis ligeros juicios.

A la agitación de Elvira sucedió una gran debilidad y un abundante sudor, que fue para su mal una feliz crisis. Sobre la madrugada quedose profundamente dormida, y la condesa, fatigada, se sentó en una banquetita a los pies de su cama.

-El peligro ha pasado, a mi entender -la dijo Carlos, que acababa de tomar el pulso a la doliente-. Procure Ud. también descansar; ha tenido Ud. una noche cruel.

-Ciertamente -respondió Catalina-, es cosa cruel ver sufrir a quien se ama sin tener el poder de participar en sus dolores.

-¡Ah! -dijo Carlos-, tiene Ud. buen corazón.

-Hable Ud. más bajo, por Dios -dijo ella con inquietud-. ¡Está dormida y ha padecido tanto!

Carlos se calló, pero se colocó de manera que pudiera ver el rostro de la condesa, que había reclinado la la cabeza en el borde del lecho de su amiga.

La débil claridad del día, que comenzaba apenas, penetraba por las junturas de los balcones y se debilitaba al través de as cortinas que cerraban las puertas de cristal del aposento. La luz del quinqué, que ardía aún sobre una mesa, estaba también cubierta por un espeso velo de crespón verde, para que no ofendiese los ojos de Elvira; y en la claridad leve de la estancia resaltaba sobre la colcha carmesí de la cama, el blanco y pálido rostro de Catalina, que sucumbiendo a la fatiga se había dormido.

Carlos observó la incómoda postura en que se hallaba, vaciló un momento, y, por fin, se decidió a aprovechar su sueño para proporcionarla mayor comodidad. Acercó unos cojines, que puso en torno de la condesa, y, advirtiendo que tenía los brazos y la espalda descubiertos, la abrigó cuidadosamente con su capa. Despertó ella algo asustada:

-¡Ah! ¿Es Ud., señor de Silva?

-Catalina -respondió él (y era la primera vez que la llamaba por su nombre de bautismo)-: Está Ud. muy molesta, la ruego que me permita acercarla un sillón en el cual puede descansar mejor.

Ella consintió y Carlos la ayudó a acomodarse en un sillón que rodeó con los cojines de seda, cubriéndola otra vez con su capa, y se sentó en un taburete junto a ella, apoyando también su cabeza en el respaldo del sillón. Ella volvió en breve a dormirse. Carlos sentía en la frente su respiración un poco fatigada, y tenía clavados los ojos en sus soberbios ojos, dulcemente cerrados.

-Más hermosa está así -pensaba él- que cuando se presenta deslumbrante y radiosa en medio del círculo de sus adoradores.

Poco después añadía:

-No es Luisa más hermosa: ¿cómo no lo he notado hasta ahora?

Continuaba mirándola y casi respirando su aliento, y comenzó a sentirse agitado. Esta vez su boca pronunció claramente y sin el consentimiento de su voluntad el pensamiento que le ocupaba.

-Ningún corazón libre -dijo- podrá conocerla impunemente.

Y se apartó de Catalina descontento de sí mismo, aunque sin darse cuenta de lo que sentía a su lado.

Salió de la sala y se paseó algún tiempo con un extraño apresuramiento, atusando maquinalmente los profusos rizos de sus cabellos negros. Pensaba en lo que había hablado Elvira en su delirio, y gozábase en tener un motivo para estimar a la condesa, de cuyo buen corazón no podía ya dudar. Después de dar veinte vueltas alrededor de la sala volvió al aposento de la enferma, y halló a Catalina todavía dormida. Estuvo contemplándola un momento y repitió involuntariamente:

-Es imposible que no sea buena, siendo tan hermosa.

En aquel instante volvió a despertar Catalina.

-¿Ha hablado Elvira? -preguntó con inquietud.

-No, sosiéguese Ud., he sido yo.

-¡Ud.!

-Sí, pero no volveré a interrumpir su sosiego de Ud.

-No, ya es de día y me marcho, señor de Silva...

-¿Por qué no me llama Ud. Carlos como Elvira?, ¿no somos también parientes, Catalina?

-Pues bien, Carlos, ruego a Ud. que se recoja a descansar. Haré venir ahora mismo a las criadas de Elvira. Está mejor, y si tuviese alguna novedad me avisarán al momento. Descanse Ud. para que esta noche podamos cumplir nuestro deber cerca de nuestra querida prima.

-¡Se marcha Ud. ya!...

-Hasta la tarde.

-A Dios, Catalina.

Ella le alargó la mano. Esta vez Carlos la llevó a sus labios. Ella no se ofendió, pero al salir se detuvo un momento a la puerta, y, poniendo la mano sobre su corazón, pareció querer sepultar en él la emoción que, a pesar suyo, revelaba su semblante. Carlos la vio alejarse y se sentó pensativo en el sitio que ella había ocupado. Entraron poco después las criadas de Elvira, y se marchó a su aposento, saliendo de aquel en que había pasado la noche con pensamientos bien diferentes de los que le acompañaron al entrar en él.

- XI -

Elvira estaba fuera de peligro, pero su situación era, según la opinión de los médicos, tan delicada que exigía un incesante cuidado. Por lo tanto, aquella noche, como la anterior, Catalina quiso velar a su lado y Carlos, como es de suponer, se presentó para acompañarla.

Las horas pasadas en aquella habitación la noche última habían establecido entre ellos una cierta confianza, que años enteros de amistad en medio del bullicio del mundo no hubieran acaso producido.

Volvieron a verse aquella segunda noche con el placer de dos compañeros de trabajos o peligros que se hubiesen separado por largos años, y se instalaron cerca de la enferma con la franqueza que inspira la seguridad de ser mutuamente agradables. Como Elvira descansaba tranquilamente, Catalina se apartó de junto a ella yendo a colocarse en un sillón al extremo opuesto del aposento, y dijo a Carlos con dulce familiaridad:

-Puesto que hemos de velar y que por ahora no necesita Elvira, mientras ella duerme podremos hablar en voz baja.

-Venga Ud., Carlos, deseo que me refiera Ud. su historia. Hace algunos días que hubiera manifestado mi curiosidad, si el obstinado desvío de Ud. no me lo hubiera impedido.

-¡Mi historia! -dijo Carlos, sentándose en una banquetita a sus pies- ¿Cree Ud. acaso que será larga y divertida?

-Por lo menos será hermosa y pura como su alma de Ud., como su vida. Le creo a Ud. feliz, y es tan rara la felicidad en el mundo que mi corazón se recrea al respirar ese perfume divino que exhala una vida dichosa e inocente.

-No se engaña Ud. ciertamente en creer que soy feliz -dijo Carlos-, pero mi historia y mi felicidad están referidas en dos palabras: amo y soy amado.

-Sin embargo -dijo Catalina-, Elvira me ha dicho que el matrimonio de Ud. fue obra de un convenio de familias, y como en tales enlaces es rarísima la felicidad...

-Acaso sea exacta su observación de Ud. -contestó Carlos-, pero yo tuve la dicha singular de que la esposa que me estaba destinada desde mi infancia, fuese la misma que yo hubiera elegido entre todas las mujeres del globo. Nos amamos de niños como tiernos hermanos, nos separamos, Catalina, y cuando volvimos a vernos, ya jóvenes y en la edad del amor, nos amamos también como amantes, ¡como esposos!

Yo reconocí en ella la mitad de su alma, ella me dio toda la suya. Jamás dos hermanos se han querido tan tiernamente, ni dos esposos se han comprendido mejor y se han hecho mutuamente tan felices. Análogos en edades y en sentimientos, su carácter tiene la dulzura y mansedumbre que falta al mío, y acaso hay en mi alma la fortaleza y el vigor que necesitaba por apoyo su débil y delicada existencia. Ambos nos necesitamos para completar un alma, una vida, una felicidad. El cielo nos ha juntado, y por estrechos y santos que sean los vínculos con que la religión nos liga, los son más -sin duda alguna- aquéllos con que se han unido para siempre nuestros corazones. Ésta es mi historia, eso es todo, Catalina. ¿Está Ud. satisfecha? ¿Acaso hallará ridículo mi entusiasmo conyugal?

-Es Ud., en efecto, dichoso -dijo la condesa, que había escuchado estas palabras con suma emoción. Esa felicidad que Ud. ha obtenido ¿por qué no la concede el cielo a todas las almas capaces de apreciarla? Y, si no debía concederla sino a los seres privilegiados por su amor, ¿por qué al menos no dotó a los otros a quienes privara de la dicha, de una aridez de corazón, que les preservase de necesitarla? ¡Carlos, Carlos! Felices aquéllos a quienes cupo el destino de amar y ser amados, y ¡felices también los que no sienten la estéril y devorante necesidad de una ventura que les fue rehusada!

Mientras hablaba así la condesa, Carlos se había aproximado a ella, y, observando la profunda tristeza que se pintaba en su rostro, sintiose enternecido y asió involuntariamente una de sus dos manos.

Pues qué la dijo con interés:

-¿Acaso Ud. no ha conocido esa ventura? No puedo creerlo, Catalina: digan lo que digan los enemigos de Ud. y los espíritus ligeros que juzgan sin comprender, yo no puedo persuadirme que Ud. encierre un corazón frío, sólo sensible a las frívolas y efímeras sensaciones de la vanidad. No, Catalina, Ud. mismo no podrá arrancarme la opinión que estas horas pasadas junto a Ud. me han hecho formar de la excelencia de su alma y de la exquisita sensibilidad de su corazón.

-Yo agradezco a Ud. esa opinión -contestó ella-, aunque creo que me hace justicia solamente; pero es tan rara la justicia que debemos estimarla como un favor. Sí, mucho me obliga ese juicio favorable que Ud. expresa, porque, aunque no dé importancia por lo común al concepto que de mí formen las gentes, soy muy sensible a la aprobación o desaprobación de mis amigos... Y deseo, Carlos -añadió con alguna turbación-, deseo contar a Ud. en este número.

-Sí -dijo él con vivacidad-, de hoy más quiero yo también merecer un lugar entre las personas a quienes Ud. honra con su amistad. Y, acaso, Catalina, acaso no seré el último en saber apreciarla, aunque haya sido el último en obtenerla.

-Lo creo -repuso ella-, porque acaso también me conozca Ud. mejor que mucho de aquéllos que me han tratado años enteros. Creo que Ud. me puede comprender fácilmente.

-Y, por eso, porque comprendo ahora su corazón de Ud., comprendo menos que antes cómo puede vivir contenta en esa agitada atmósfera de frívolos placeres, de los que se muestra tan ávida. Perdone Ud. mi franqueza, señora, pero no puedo menos de confesarla que cuanto más me enseñe Ud. a estimarla, más severamente juzgaré su conducta, y que lo que acaso perdonaría a la coqueta fría y vanidosa, hará culpable, muy culpable a mis ojos, a la mujer de talento y de corazón.

-¿Y por qué? -preguntó ella con una sonrisa en que se mezclaban la ironía y la amargura- ¿Sería culpable el que, abrumado de un inútil fardo que pesase sobre él, le arrojase algunos momentos para poder respirar? ¡El talento! ¡El corazón! ¿Contraen algunas obligaciones con el mundo los que recibieron estos fatales dones? Si así es, ciertamente que no serán estas obligaciones las de ir divulgando por él los dolores y amarguras que esos mismos dones les atraen; no serán las de maldecirle porque es impotente para darles todo lo que le piden; no serán las de turbar la felicidad de los otros con el espectáculo de su profunda desventura. ¿Qué más pueden hacer que sofocar sus gemidos, endurecer su corazón, y admitir la vida tal cual se les da, olvidando cómo la han concebido?

Carlos se desvió de ella sin poder reprimir un movimiento de despecho. ¡Pues qué, señora! -exclamó fijando en ella una mirada severa- ¿La bondad divina sólo habrá dado al hombre para su martirio los dones preciosos que más le aproximan a su inteligencia suprema? La facultad de sentir y de pensar deberá considerarse como un inagotable raudal de dolores, y podremos suponer que la mayor perfección moral del hombre sólo sirva para hacerle más desventurado?

-Cuestión es ésa -dijo Catalina-, que yo no me atreveré jamás a resolver, y no porque dude que a la mayor facultad de sentir sea inherente la mayor facultad de padecer, sino porque creo en la ley eterna de las compensaciones, y el que es capaz de padecer mucho, puede también gozar mucho. En cuanto a mí, sólo sé decir que no quisiera haber tenido por dote al nacer una imaginación que me devora, y un corazón que va gastándose a sí mismo por no encontrar alimento a su insaciable necesidad. No sé si son felices todos los hombres de corazones vulgares: su felicidad, por lo menos, no me bastaría. Pero cuando Ud. me dice que es dichoso, cuando veo posible para otros esa aventura suspirada de amar y ser amados con entusiasmo y pureza, entonces me siento indignada contra el destino, y le pregunto: «¿Por qué delito he merecido el ser privada de esa suprema ventura?»

La voz de la condesa al pronunciar estas últimas palabras revelaba la más viva emoción, y Carlos tornó a su lado, serena otra vez su frente que por un momento se había oscurecido.

-Es Ud. una mujer extraordinaria -la dijo-, y cuanto más me empeño en conciliar las contradicciones que observo en Ud., menos lo consigo. Si le basta a Ud. esa felicidad del amor casto, del amor intenso, ¿cómo la desprecia Ud.? ¿Cómo si su corazón tiene sed de ventura puede Ud. embriagarle con el humo de esos goces ficticios, vacíos de verdad y que nada valen para el sentimiento? Ésta será mi eterna interpelación, porque ésta será siempre mi duda. Ud. no es feliz en esa vida brillante y tumultuosa de la que parece enamorada. Pero, ¿por qué la he elegido Ud.? ¿Por qué ha sacrificado a ella esa felicidad que su corazón anhela?

-Nada he sacrificado -contestó la condesa-. Nada tenía que sacrificar. Esa vida no ha sido una elección, sino una necesidad. Cuando se padecen agudos dolores se suele tomar opio, no para mitigar su intensidad sino para entorpecer la facultad de sentirlos. También hay opio para el corazón y para el espíritu, y ese opio es la disipación. ¿Los que son felices harían mal en tomarle, pero no debe concedérsele a los desgraciados?

-¿Y es Ud. desgraciada, Catalina?

-Lo soy.

-¿Por qué?, ¿por qué es Ud. desgraciada? -repuso Carlos tomando su mano con visible emoción.

-Porque no soy feliz -respondió ella-. No extrañe Ud. esta contestación: creo que hay personas que sin ser felices se consideran desgraciadas, personas que no se quejan cuando no experimentan positivos y materiales infortunios. Yo no soy de ese número, y sólo puedo explicar mi desventura diciendo que la siento en mi alma.

-Pero, ¿qué le falta a Ud. para ser dichosa?

-Me falta todo, puesto que no los soy.

-Pero, ¿cree Ud. que pudiera serlo con un destino igual al mío, al de Luisa?

-¡Ah! ¡Sí, lo sería! -exclamó ella sin pensar- Sería completamente feliz, lo creo en este instante, con el destino de Luisa... y con el de Ud., Carlos -añadió ruborizada de las palabras que acababa de proferir.

-¿No ha sido Ud. amada de su esposo?, ¿no le ha amado Ud., Catalina?

-No.

-¿No ha amado Ud. nunca?

-No lo sé. Creo en este momento que no: No he amado nunca como Ud. ama a Luisa, como adivino que ella le ama a Ud. No he amado nunca con ese amor que debe hacer la felicidad de toda la vida.

-Y, sin embargo, su corazón de Ud. es apasionado. Sin duda no ha sido impotencia suya el no haber gozado de esa felicidad. Acaso no ha hallado Ud. en ningún hombre el amor que necesitaba.

-Si he de ser sincera con Ud. y si debo descubrirle mi corazón todo entero, aun a riesgo de que le juzgue ingrato y caprichoso, confesaré que he conocido hombres que han mostrado por mí una violenta pasión, y que no han rehusado ningún género de sacrificios para convencerme de ella. Si es crimen del corazón el no obedecer al mandato de la voluntad, el mío es culpable, porque por desgracia no quiso amar cuando mi razón se lo aconsejaba. Hubo una época en mi vida en la que dando todo mi aprecio a las cualidades del corazón, creí que ellas solas bastarían a cautivarme eternamente, pero bien pronto conocí que me engañaba, y que la más perfecta bondad de un hombre y la más inalterable ternura, si carece de las cualidades aventajadas de la inteligencia y del carácter, no bastan a asegurarle el corazón de una mujer que necesita admirar, respetar y aun temer al hombre a quien ama. Saliendo de un error pude caer en otro: puede dar a la superioridad de inteligencia de un hombre más influencia de la que realmente tiene en la felicidad de la vida de la mujer que le ame. Esta superioridad si no va acompañada de la del corazón es más de temer que de amar. Hay algo de monstruoso en la reunión de una vasta inteligencia y de un mezquino o duro corazón. La influencia que por sólo su talento adquiere un hombre sobre el corazón de una mujer sensible, pesa como la tiranía y no tarda en hacérsele odiosa. Sólo al amor concede el derecho de esclavizarle. Y si el amor que carece del apoyo del talento, no siempre lo consigue, nunca lo obtiene el mayor talento cuando no es auxiliado por el amor. En su sexo de Ud., Carlos, se teme encontrar en la mujer a quien se ame una inteligencia superior, pero en el nuestro sucede lo contrario. La mujer, que por su debilidad busca y requiere un apoyo, necesita en el objeto que elija una superioridad que la inspire confianza. Por grande que sea el talento de una mujer, y por elevado y aun altivo que sea su carácter, desea encontrar en su amante un talento que domine al suyo; y si una mujer superior llega a amar verdaderamente a un hombre de menos luces, puede asegurarse que hay en aquel hombre un gran carácter que supla y compense el defecto del talento, y que le dé la superioridad e que carece por otro lado. Pero, por difícil que yo crea que una mujer no vulgar pueda apasionarse de un hombre que en todos conceptos sea moralmente inferior a ella, aún me parece más raro que sea larga la ilusión que un hombre inspire por las solas cualidades del entendimiento y aun del carácter. La mujer busca antes de todo el corazón; quiere admirar sin ser deslumbrada; quiere ser dominada sin tiranía; quiere y necesita ser amada; y sólo aprecia la superioridad del hombre porque la eleva, porque la engrandece a ella misma. Pero esta superioridad cuando no nos engrandece nos humilla; y siempre nos humillará si el amor que inspiramos no es bastante poderoso para que cerca de nosotros la deponga el hombre.

-Pero Ud., Catalina -observó Carlos-, Ud. que posee cualidades de espíritu tan sobresalientes, ¿podría considerarse humillada por las que poseyese su amante?, ¿necesitaría Ud. que él las depusiese cerca de Ud.?

-No sé -contestó ella-, si he de decir verdad, si he reconocido sinceramente en algún hombre una superioridad moral sobre mí, puedo asegurar que sí, que he deseado encontrarla. Y, sin embargo, cuando he observado que el gran talento o el gran carácter de un hombre, muchas veces le dan medios de dominación independientes de los del amor, he cobrado una especie de horror a esas mismas cualidades; y creo, si he de juzgar por mí, que la mujer perdonará siempre más fácilmente la falta de inteligencia que la de corazón.

Así, pues -dijo Carlos-, Ud. no ha amado nunca porque no ha podido encontrar esa rara reunión de inteligencia y bondad, de fuerza y dulzura, de dignidad y de amor. En efecto, difícil es encontrar esa perfección, acaso imposible, y sería muy temerario el hombre que osase esperar satisfacer la ambición de su corazón de Ud.

-¿Perfección ha dicho Ud.? -repuso ella- Ud. no me ha comprendido o yo no me he acercado a explicarme. Dudo mucho que un hombre perfecto me inspirase pasión. Hay defectos que yo no perdonaría fácilmente, mejor diré, que yo amaría con locura. Otros hay empero que me alejarían para siempre de un amante. La frialdad o dureza del corazón, y la bajeza del carácter, son defectos que aborrezco. Al mayor talento y al más noble carácter respetaría sin amarles, si carecían de bondad y ternura: la crueldad me horroriza, y eso que llaman los hombres bravura suele parecerme ferocidad. Yo no amaría jamás a un hombre sanguinario, aunque el mundo le llamase héroe; ni a un hombre henchido únicamente de ambición y destituido de afectos, aunque el mundo le llamase genio. Mas tampoco amaría a un cobarde ni a un estúpido, por bueno y tierno que fuese su corazón. Por lo demás creo muy posible que yo amase a un hombre que tuviese muchos defectos: a un gran carácter perdono fácilmente la altivez y aun alguna sequedad aparente; a un brillante talento no le pido cuenta de sus extravíos, y aun pudiera gustar de sus inconsecuencias. En fi, Carlos, si encontrase un hombre que poseyese con un doble carácter y una clara inteligencia, un apasionado corazón..., a ese nombre no le pediría más. Defectos pudiera tener, y aun virtudes, que me inspiren temor, pero le temería sin amarle menos, y por mucho que a las veces pudiese padecer sería feliz. Ud. será tachado por algunos de demasiada tenacidad en sus opiniones, y esa impetuosidad de su carácter, que con frecuencia le hace faltar a las conveniencias sociales, y que los hombres de salón llamarían falta de finura, pudiera desagradar a muchas mujeres, que tal vez no le perdonarían sino a favor de su hermosa figura. Yo misma le reprendería a Ud. con justicia de la poca indulgencia con que se me ha juzgado al principio, y hallaría acaso demasiado orgullo en la manera con que se ha reconciliado conmigo. Pero ni la severidad y obstinación de sus creencias de Ud., ni su brusca franqueza, ni ese orgullo y rigidez que apenas puede dominar algunas veces la bondad de su corazón, serán obstáculos, estoy cierta, a la felicidad de su esposa.

-¡Ah! -contestó él, suspirando a tan dulce recuerdo- Mi esposa, catalina, es un ser único. Estoy cierto de que nunca ha preguntado ella a su corazón por qué ama, ni si mis defectos deben o no influir en su felicidad. Ella, el ángel adorado, no piensa sino en la mía: su felicidad consiste en aquélla que me da, y debe ser, por lo tanto, perfecta. Además, los defectos que Ud. me nota, ¿qué pudieran contra ella? ¿No tengo indulgencia? Ella no la necesita. ¿Mis opiniones son tenaces y severas? Ella las respeta y las participa. ¿Carezco de finura? En el feliz aislamiento en que vivimos no tenemos censores, y mi carácter impetuoso está siempre dominado por la serenidad celestial de su mirada. ¡Oh, Catalina! ¡Que no conozca Ud. a mi Luisa! La amaría Ud. mucho más que yo.

La condesa se levantó impetuosamente y se alejó algunos pasos de Carlos sin saber lo que hacía. El joven la miró con sorpresa, y ella dominándose al momento volvió a sentarse diciendo con fingida calma:

-Creí que había llamado Elvira, pero me engañé, está dormida.

No se le ocurrió a Carlos el dudar de aquella explicación, y prosiguió volviendo a asir entre las suyas la mano de la condesa.

-Creo también, Catalina, que ella es capaz de comprender a Ud., y de amarla, porque estoy persuadido de que Ud. posee cualidades distinguidas de corazón y de carácter. A ella quizá dispensaría Ud. una confianza más completa que a mí, y cuando Ud. descubra toda su alma, estoy cierto que será preciso estimarla.

-¡Mi alma! -repitió la condesa- Acaso valga mucho, en efecto, y aun mi corazón es mejor de lo que convendría a mi felicidad. Pero Ud., ¿qué habla de completa confianza?, ¿desea Ud. la mía? ¿hallaría yo en su corazón esa indulgencia que necesito? Por qué por desgracia no soy como esa Luisa cuya resplandeciente ventura no ha sido jamás oscurecida. Yo he sido desgraciada y debo parecer a Ud. culpable.

-¡Culpable!... No, Catalina, no puede Ud. serlo nunca en tanto grado que no absuelva a Ud. mi corazón. La vergüenza de confesar una falta, ¿no es expiarla?

La condesa levantó la cabeza con altivez.

-No sé a qué llamará Ud. faltas -dijo-, pero yo nunca me avergonzaré, ni haré un penoso esfuerzo al confesar errores de la imaginación que han podido hacerme infeliz. Nada bajo ni mezquino puede encontrar en mi alma y en mi vida la observación más escrupulosa, y si Ud., dudando de ello, ha podido decir que me estimaba, o ha mentido o es Ud. lo que yo creía.

-No, nada indigno de un noble corazón he podido sospechar en Ud. despés que la he tratado, Catalina: ¿pero no pueden cometer faltas también los nobles corazones? Ud. que me llama severo, ¿querrá obligarme a hacer la defensa de errores que puedo condenar sin despreciar al que haya sido víctima de ellos?

-¡Condenar los errores! -repitió Catalina- Es Ud. severo hasta en su indulgencia. Si se condenan los errores, ¿dónde está el mortal exento de faltas...? Si existiese, yo no podría estimarle: El que nunca se engaña debe ser desde que nació malvado. En cuanto a mí, confieso que me he engañado muchas veces, y que aún no me creo exenta de grandes errores. ¿Quiere Ud. juzgar por sí mismo si son imperdonables? Pues bien, escúcheme Ud.

Carlos la escuchaba, en efecto, con vivísimo interés, y ella prosiguió, co una serenidad que fue perdiendo a medida que hablaba.

-A la edad de dieciséis años me sacó mi madre del colegio en que me había educado para casarme con el conde de S.***. Se me habló del matrimonio como de un contrato por el cual una mujer daba a su persona a un hombre, en cambio de una posición social que recibía de él, y esta posición que se me ofrecía era brillante. Mi padre había muerto en los aciagos días de la revolución, mártir de la causa de su rey, y su viuda nada poseía. El conde era muy rico en España, y vivía en París con ostentación deslumbrante. Su enemistad particular con el favorito de Carlos IV le hizo desagradable su permanencia en la corte de España, y como habiéndose educado en Francia conservó siempre un gran afecto a aquella nación, determinó vivir en París mientras no variase la situación política de su patria. La época en que llevó a cabo este proyecto, era poca para que se aplaudiese de su cumplimiento. El emperador acababa de celebrar la paz de Tisilt, y con ella parecían consolidarse para siempre la nueva dinastía, los nuevos principios, y la grandeza y la prosperidad de la Francia. Cuando el conde llegó a París, la capital toda no tenía más que una voz para celebrar la gloria de las armas francesas, y el genio del grande hombre que dirigía sus destinos; y las fiestas que se sucedían sin intermisión hacían la ciudad más alegre de la capital de la nación más poderosa del globo.

El conde, que ninguna parte activa tomaba en las cuestiones políticas, se halló bien en París y, olvidando a España, pareció querer fijarse para siempre en su nueva patria, tomando en ella una esposa.

A principios del año 1811 me conoció y pocos días después pidió mi mano, que le fue concedida.

Aunque tan joven y tan ignorante de las pasiones, no dejé de observar que no se contentaba para nada con el amor en aquel contrato que él sólo debiera sancionar, pero se me advirtió que sólo las que debieron a la suerte un nacimiento humilde tenían el derecho de no consultar más que a su corazón al elegirse un dueño por toda la vida; más yo, miembro de una noble familia, no era libre en mi elección. El orgullo y la vanidad debían hacerla y la hicieron. Ud. sabrá que su pariente, el conde de S.***, no era ya joven cuando me dio su mano, pero, a pesar de sus cuarenta años, conservaba una figura hermosa, aunque marchita, y la exquisita elegancia de sus modales le prestaba aún bastante atractivo. Creo que hubiera podido hacerse amar si hubiese amado, pero el conde, aunque dotado de un talento brillante, tuvo siempre un corazón de hielo. Había tenido, además, una juventud disipada, y, no extraviado por vehementes pasiones ni subyugado por un temperamento fogoso, su libertinaje había sido mero efecto de una juventud ociosa, de grandes riquezas y del contagio de una sociedad corrompida. Así era, que nada había dispendiado su corazón, y su marchita existencia era tanto más desagradable cuanto que no llevaba el sello que un alma de fuego imprime sobre el rostro de sus víctimas. Cuando vemos un corazón desgastado pensamos cuánto habrá amado y padecido... ¡y se perdona tanto al que ha sido desgraciado! ¡y se adivinan tantos dolores en una existencia devorada por terribles pasiones! Pero la enervación y el cansancio de un hombre frío, presentan la huella del vicio en toda su cínica desnudez. Mi marido, que nunca había amado, decía que estaba cansado de amor. Así, pues, yo encontré en él un amigo fino y obsequioso, y un compañero amable y complaciente, pero, en vano, le hubiera pedido el entusiasmo de un amante, ni la ternura celosa del marido. Había sido libertino por sistema y por sistema se había casado, cuando se reconoció inepto para sostener el papel de brillante calavera. ¿No es verdad, Carlos, que era bien triste la suerte de una niña que en la edad del amor y de las ilusiones veía ligada su pura y florida existencia con la existencia árida y seca de aquel hombre de corazón frío y de sensaciones gastadas?

-Pero Ud., Catalina -respondió secamente-, Ud., que se había vendido por una posición social; Ud., que a los dieciséis años especuló con el vínculo más dulce y santo, ¿podía esperar ni merecía otra suerte?

-Cruel es esa observación -dijo la condesa-, pero Ud. olvida que a los dieciséis años no tiene una mujer voluntad; Ud. olvida que yo no conocía el amor, y que al salir del colegio me presentaron como una suerte envidiable aquel espantoso destino. En efecto, envidiable me pareció en un principio, aun a mí misma. Las riquezas de mi marido me permitían todos los goces que embriagan a un corazón tan joven e ignorante como el mío. Coches, lacayos, bailes, paseos, teatros, reuniones, todo lo que satisface la vanidad me fue prodigado. En mi casa se reunía una de las más elegantes sociedades de París. Las funciones que yo daba eran citadas como las más brillantes, mis trajes servían de modelo, y yo misma era reputada una de las mujeres más amables. En efecto, mi marido se complacía en adornarme de los talentos y habilidades que él poseía, y este estudio y los placeres ocuparon dos años de mi vida, durante los cuales siempre estuve tan distraída que no tuve tiempo para preguntar a mi corazón si era feliz.

-Le bastaba a Ud. esa vida de tumulto y brillantez -dijo Carlos con algún enfado-. ¡Ah! ¡Catalina! Mucho temo que se engañe Ud. a sí mismo cuando la llama insuficiente.

-¡Pluguiese al cielo que su temor de Ud. fuese fundado! -respondió la condesa- Pero no, Carlos, no me bastó aquella vida, aunque tan llena de todo lo que no es amor ni felicidad. Presto mi ardiente imaginación se cansó de aquellas impresiones y mi vanidad saciada dejó hablar al corazón. Entonces concebí que debía existir una felicidad superior a la que el rango y las riquezas pueden darnos. Extremada en todo, pasé en poco tiempo de la más loca disipación al más severo retiro. Todos mis placeres y dolores han provenido siempre de una sensibilidad tan viva como delicada, que no recibe nunca débiles impresiones, y de una imaginación que todo lo engrandece o lo disminuye hasta el exceso.

La situación que me había embriagado, que me había pintado mi imaginación durante dos años como el supremo bien, llegó casi de repente a parecerme odiosa. El mágico pincel que la había embellecido fue el mismo que la tiñó de colores más sombríos. Los caracteres exaltados rara vez se detienen en los intermedios, y no conocen compensaciones. De mí sé decir que pocas situaciones me parecen meramente gratas o desagradables: Yo gozo o padezco, soy feliz o completamente desgraciada.

Así, cuando mi existencia, vacía de afectos y llena de insuficientes placeres, dejó de enloquecerme, fue para inspirarme y el tedio más invencible. En vano mi marido y mis amigas intentaron retenerme en ella: me hubiera muerto de fastidio en medio de los placeres y de la alegría. Obtuve, pues, del conde que fuésemos a pasar un verano a una pequeña ciudad del mediodía de la Francia, y pasé allí algunos meses en un retiro absoluto. En París se hicieron extraños comentarios de mi ausencia y de mi melancolía. Quien suponía que mi marido estaba arruinado, quien que yo alimentaba una pasión novelesca, y no faltó persona que sólo viese en mi conducta un rasgo de refinada coquetería, con el objeto de proporcionarme al volver alegre y brillante al círculo elegante que abandonaba todo el atractivo de la novedad. Lo cierto nadie lo sospechó: a nadie se le ocurrió pensar que yo había sentido, por fin, el vacío de mi corazón. Sin embargo, la soledad, la vida ociosa y contemplativa que adopté me hacía más daño que la disipación de que había huido. Bajo el hermoso cielo de Provenza, en medio de los campos que había elegido para mi domicilio, la vida se me revelaba, la vida del amor que yo estaba condenada a no conocer. Para evitarme el fastidio, que mi marido creía inseparable de la soledad, me daba libros que él llamaba divertidos. ¡Eran novelas! ¡Era la Julia de J. J. Rousseau! ¡El Werter de Goethe! ¡Páginas de fuego que me presentaba su mano fría y que devoraban mis ojos en las horas de devorante insomnio! Muchas veces arrojando el libro con desesperación salíame como loca por el campo, y me embriagaba de las brisas de la noche suaves como una esperanza de amor, y me prosternaba delante de la luna, que de todo lo alto del cielo parecía un faro divino allí colocado para alumbrar la ventura misteriosa de los amantes, y escuchaba trémula el silencio de los campos. Aquel silencio cuya voz es el susurro de una hoja o la respiración de un pájaro y en él creía distinguir un reclamo mudo del amor que me ofrecía el reposo negado a mi corazón, y cuando mis cabellos empapados por el rocío dejaban traspasar la humedad la humedad a mi cerebro, entonces parecíame que las lágrimas del cielo venían a consolarme de mi abandono, y yo lloraba también, y pedía ansiosamente amor y felicidad. Aquella fiebre de la imaginación era seguida comúnmente de largas horas de dolorosa postración. Y, poco a poco, tal género de vida acabó por destruir mi salud, y aun acaso por turbar mi razón. La soledad que tanto halaga en teoría a las almas tiernas y a las imaginaciones ardientes, y que siendo breve despliega en ellas tan profundas y melancólicas impresiones, es peligrosa y temible si se prolonga demasiado. La soledad sólo puede convenir a las almas resignadas o a las imaginaciones frías, pero nunca a la juventud del corazón, en la fuerza del pensamiento y de las sensaciones. Entonces, Carlos, lo sé por experiencia, la soledad es devorante y terrible. El estudio de sí mismo puede hacer mucho mal al corazón. Si el espectáculo del mundo puede despojar de muchas ilusiones y sofocar muchos nobles instintos, la vida solitaria produce forzosamente opiniones erróneas y entusiasmos peligrosos, y en una imaginación vigorosa acaso también culpables extravíos. Volvimos a París en el invierno de 1814 a ser testigos de la caída del coloso imperial.

Parecía que la consternación dominaba todos los ánimos, con aquel trastorno que debía mudar el destino de Europa; y esta situación general y el mal estado en que se hallaba ya la salud de mi marido, me autorizaban a separarme absolutamente de la sociedad; por manera que en los cuatro meses que aún estuvimos en París, apenas salí de su aposento. Creyendo recobrar su salud con influencia del clima natal, resolvió el conde venirse a España, y en el mes de mayo pisé por primera vez el suelo en que habían nacido mi madre y mi marido, y hacia el cual tuve siempre un particular cariño. Pero el aire patrio no tuvo en la salud del conde la favorable influencia que había esperado: experimenté el pesar de perderle pocos meses después de su llegada a Madrid. Sí, Carlos, tuve un sincero pesar, pero pasados los primeros meses de mi viudez no pude pensar sin secreta alegría que ya era libre, y podía lanzarme al porvenir de felicidad que tanto tiempo soñaba. Dos años pasé de esperanzas, ilusiones, errores y desengaños; dos años durante los cuales mi corazón, ávido de emociones, abrasado de deseos de ventura, se asía a cada objeto que por un momento le fascinaba. Dividí aquellos dos años entre París y España; presenteme en todas partes con aquella cándida credulidad de la juventud, con aquella imprudente confianza de corazón noble y bueno. Nada me parecía más fácil que hallar en todas partes amigos tiernos y sinceros, amantes y apasionados y llenos de atractivo. Joven, hermosa, rica, entusiasta y generosa, me lanzaba con una temeridad y un abandono, sublimes de inocencia, en busca de un ídolo a cuyos pies pudiera tributar los tesoros vírgenes que llevaba en mi alma.

¡Oh! ¡Qué peligroso es para una mujer de viva imaginación ese período de la vida en que necesita y busca, y espera ser protector y querido a quien entregar su alma, su porvenir, su existencia entera! ¡Cuánto debe engañarse a sí misma! ¿Y cómo evitar esta desgracia forzosa? Si pudiese referir a Ud. hasta qué punto llegaron en los primeros años de mi libertad, las extravagantes prevenciones de mi novelesca imaginación, se reiría Ud. de mi simplicidad y se conmovería de mi entusiasmo. Un hombre a quien veía por primera vez era a veces el objeto de todos mis pensamientos durante muchas semanas. Bastaba para hacer tan viva impresión en mi fantasía que tuviese un noble aspecto, un aire distraído y melancólico, que yo calificase como revelador de grandes y profundos pensamientos; así como una tez pálida o unos cabellos prematuramente encanecidos, eran para mí el anuncio cierto de algún bello y poético infortunio. En todas partes buscaba y creía encontrar elevados caracteres, ardientes pasiones, nobles desventuras: mi imaginación inagotable poetizaba todos los objetos, y de ninguno podía juzgar con exactitud, hasta que se disipase el prisma color de rosa al través del cual les miraba. Pero, por una rara combinación de entusiasmo y justicia, nadie se apasiona más vivamente que yo por las personas que le agradan, y nadie tampoco descubre sus defectos con más prontitud. El espíritu de análisis instintivo, involuntario, al cual somete mi juicio aun los afectos más tiernos de mi corazón, han sido un soplo de hielo sobre todos mis entusiasmos. Sin embargo, he llegado a tener amigos y he querido sinceramente a algunos, a pesar de conocer sus defectos; pero en el amor que sólo vive de entusiasmos y de ilusiones, no he encontrado un solo hombre que no perdiese por ser conocido lo que ganaba en ser imaginado. Porque la amistad es, permítaseme la expresión, un lujo de felicidad para el alma, pero el amor es una necesidad. Nos basta poder estimar al amigo, pero necesitamos poder amar tanto como estimar al amante. A la amistad no le pedimos nunca la dicha, nos basta que sepa consolarnos de carecer de ella; al amor le pedimos la felicidad y nada vale si no puede dárnosla.

Sin embargo, la misma amistad sólo ha existido para mí después que dejó de ser una pasión. Mientras la concedí entusiasmo, sólo obtuve decepciones. Ahora que conozco la vida y los hombres, he sabido apreciar ese dulce sentimiento y lo he comprendido tal cual es, como únicamente puede ser; pero en aquel tiempo en que sólo conocía la vida por mis sensaciones, y en que de nada podía juzgar sino por instinto, el amor y la amistad, me eran igualmente imposibles de encontrar. Yo buscaba en todo la realización de un sueño, el cuerpo de un fantasma..., buscaba la felicidad, que más tarde he dudado pudiese dar el amor mismo.

Con tales disposiciones puede Ud. imaginar cuántas falsas creencias, cuántos absurdos entusiasmos debía ofrecerme la vida, y cuántos rápidos y fríos desengaños debieron seguir a mis brillantes errores. La amiga en cuyo afecto descansaba con más abandono, la que yo elevaba a la esfera más alta de mi estimación, jugaba algún tiempo con mi corazón, explotaba sus tesoros, y luego se burlaba de mi ciega confianza, abusaba de mi inocente candor, y ¡feliz yo si también no aprovechaba la imprudente vivacidad de mi apasionado carácter para calumniar mi conducta y mi corazón! El amante en quien yo había creído entrever mi idealismo, se convertía repentinamente en un ser vulgar, odioso y mezquino. A veces encontraba al libertino marchito y corrompido en el que creía hallar un noble infortunado, la estupidez y frialdad de alma aparecía bajo la exterioridad en que yo había leído la bondad y la virtud, la frivolidad y la tontería en la figura elegante y graciosa que me había anunciado a primera vista la reunión de todo lo más amable y atractivo, la ridiculez de una vanidad insoportable en el fondo de ciertos caracteres que me habían parecido grandes y originales, la debilidad y el apocamiento en otros que yo había creído dulces y tiernos, la dureza y la ferocidad en muchos que por algunos rasgos aislados se me presentaron como enérgicos y noblemente poderosos. Carlos, lo repito, para el que conoce ya a los hombres existen muchos en quines puede encontrar cualidades muy hermosas y dignas de estima, pero para la fogosidad y ciega juventud, que parece aún acordarse del cielo y que pide tanto a la tierra, la realizad es siempre muy mezquina. Lo imaginado supera siempre a lo real, y sólo la experiencia nos hace indulgentes.

En aquellos dos años hice un costoso y triste aprendizaje. Mis afectos fueron decepciones, mis esperanzas locuras, mis mismas virtudes llegaron a serme fatales. La experiencia de cada día, de cada hora, me mostraba que todo lo bueno, grande y bello que había en mi alma, era un obstáculo para mi ventura: que mi entusiasmo me extraviaba, que mi credulidad me hacía el juguete de las gentes llamadas sagaces, que mi sublime imprudencia me atraía la censura de personas que hacían gala de sensatez y aplomo, que mi incapacidad de mentir era llamada indiscreción, mi ambición de afectos coquetería insaciable... En fin, Carlos, mi misma inteligencia, ese inapreciable don que nos acerca a la divinidad, era para los espíritus medianos una cualidad peligrosa, que tarde o temprano debía perderme.

Con el corazón desgarrado me retiré por segunda vez de esa sociedad que empezaba a comprender, pero a quien no podía todavía despreciar. Cuanto más pobre hallaba al mundo y más injusto, más sentía la necesidad de un ser noble y sensible que me compadeciese y me amase, y protegiera mi existencia frágil y aislada. Pero, ¡ay de mí!, en vano le buscaba aún.

Cuando el amar era para mí un crimen, creía que nada era tan fácil como amar: libre mi corazón parecía impotente para dar aquello mismo de que estaba exuberante.

Yo no encontraba nunca lo que buscaba con afán, y llegué a culparme a mí misma.

A falta de pasión y entusiasmo, que ningún hombre me inspiraba después de conocido, creí que podía hallar la felicidad en uno de aquellos sentimientos tan dulces y serenos, que llenan la vida de muchas mujeres. Pero no son de mi naturaleza los sentimientos templados.

Lord Byron hace notar que en ciertos climas no se conoce la dulce tibieza del crepúsculo, la melancólica vaguedad de las medias tintas. El sol no se acerca lentamente al ocaso cansado de su carrera, sino que lleno de fuerza y de luz desaparece súbitamente, como si su poderosa actividad no pudiera someterse a una declinación progresiva. ¿No sucede lo mismo con las almas ardientes y poderosas? La pasión en ellas no permite nuca ese estado de sentimientos templados: aman o aborrecen, admiran o desprecian, van muy lejos o se quedan muy atrás.

Bien pronto se apoderó de mí el desaliento, aquella poderosa imaginación se cansó de engañarme y sólo conocí la extensión de mi desventura cuando sentí que el manto de hielo de la duda cubría rápidamente todas las nobles creencias de mi juventud. Queriendo sacudir a toda costa aquel germen de muerte que brotaba en mi corazón, busqué en la inteligencia lo que en vano había perdido al sentimiento: yo había visto al hombre en el mundo y quise estudiarlo en los libros. Persuadime que iluminada por la experiencia y los talentos de grandes moralistas, acaso mis ideas alcanzarían modificaciones ventajosas, y que libre ya del entusiasmo que impide la exactitud del juicio, podría encontrar preservativos contra el desaliento en las lecciones luminosas de la filosofía. Esperaba encontrar, si no la felicidad de las ilusiones de la calma, de las convicciones, y que la antorcha de la verdad me guiaria al través de ese oscuro océano de las pasiones humanas.

He pasado muchas noches leyendo las obras de los grandes moralistas y filósofos antiguos y modernos: he respirado, he querido palpitar -por decirlo así- la poesía de Platón, le he seguido en su República ideal y sublime en delirios; he meditado en mis insomnios los sueños de Rousseau, con él me he lanzado ardiente y vida al mundo de las teorías, y como él he caído desfallecida desde la cumbre de la inteligencia hasta el abismo de la inconsecuencia humana. Así, después de desvelarme en el examen de las grandes cuestiones y embriagarme con el perfume de las santas teorías, he visto perseguirme con mayor tenacidad los pálidos espectros de la duda, y a fuerza de querer comprenderlo todo llegué a desconocerme a mí misma. Lo justo y lo injusto, el mal y el bien, todo se confundió para mí, y en la soledad del corazón comencé a sentir desarrollarse rápidamente el coloso de hierro del egoísmo; porque cuando analizaba las virtudes hallaba siempre al interés personal, origen y base de ellas. Me espanté de mí misma y volví a lanzare en el mundo, no ya para pedirle amor, felicidad, justicia, verdad, sino un opio de placeres y de riquezas que me adormeciera. Volví a él para oscurecer entre el vapor de sus pantanos el funesto destello de mi inteligencia, para quebrantar en su frente de bronce el dardo punzante de mi sensibilidad.

Desde entonces el mundo que me asesta sus tiros por la espalda, viene a verter rosas a mis pies; desde entonces no soy víctima porque puedo ser verdugo, desde entonces nadie me compadece porque algunos me envidian. Nadie me desprecia porque muchos me odian. No tengo desengaños porque en nada creo. Engo enemigos que me calumnian y a los cuales mi indiferencia quita el poder de ser felices mortificándome. Tengo amigos que me quieren porque soy indulgente con sus defectos y les doy el placer de censurarme los míos. ¿Quiere Ud. saber lo que es para mí la sociedad? Lo que para vosotros, hombres, una cortesana. La buscáis; la prodigáis mentidos y pasajeros halagos; la pagáis caro los suyos, efímeros y mentirosos como los vuestros; y la dejáis despreciándola.

La sociedad es para mí un mal necesario. Yo que no puedo aceptar su código no me revelo contra él, porque yo soy un ser fuerte y débil a la vez, que ni puede ajustar su talla a esa medida estrecha de la hipocresía social, ni tiene bastante rico el corazón para privarse de los goces aturdidores de sus brillantes placeres. ¿Y qué otra cosa puedo desear ni esperar? Cuando se llega a este estado, Carlos, en el cual las ilusiones del amor y de la felicidad se nos han desvanecido, el hombre encuentra acierto delante de sí el camino de la ambición. Pero, ¡la mujer!, ¿qué recurso le queda cuando ha perdido su único bien, su único destino: el amor? Ella tiene que luchar cuerpo a cuerpo, indefensa y débil, contra los fantasmas helados del tedio y la inanición. ¡Oh! Cuando se siente todavía fecundo el pensamiento, el alma sedienta, y el corazón no nos da ya lo que necesitamos, entonces es muy bella la ambición. Entonces es preciso ser guerrero o político, es preciso crearse un combate, una victoria, una ruina. El entusiasmo de la gloria, la agitación del peligro, la ansiedad y el temor del éxito, todas y aquellas vivas emociones del orgullo, del valor, de la esperanza y el miedo... Todo eso es una vida que no comprendo. Sí, momentos hay de mi existencia en que concibo el placer de las batallas, la embriaguez del olor de la pólvora, la voz de los cañones; momentos en que penetro en el tortuoso camino del hombre político, y descubro las flores que en el poder de la gloria presentan para él las espinas que hacen su posición más apetecible... Pero, ¡la pobre mujer sin más que un destino en el mundo!, ¿qué hará, qué será cuando no puede ser lo que únicamente le está permitido?

Hará lo que yo hago, y como yo será desventurada, sin que su desventura pueda ser confiada ni comprendida. ¡Ah! Si alguien la comprendiera me compadecería... Y mi orgullo rechaza la compasión. Necesito parecer feliz porque no puedo serlo.

La condesa calló y Carlos permaneció inmóvil sin acertar a apartar de él sus miradas de aquel rostro expresivo en el cual se pintaba una tristeza desdeñosa.

Era rara y terrible aquella amalgama de pasión y juicio, de actividad y cansancio, de ligereza y profundidad, de indiferencia y orgullo. Catalina le inspiraba un sentimiento de admiración dolorosa, una de aquellas impresiones que solemos experimentar a la vista de una gran torre que se desploma, o de un vasto incendio que devora grandes edificios. Catalina no era ya para él la coqueta ligera ·y fría, ni tampoco la interesante calumniada que había creído ver un momento antes. Aquella mujer se había transformado a sus ojos en una terrible desventura, en un drama viviente que a la vez excita la piedad y el terror en un misterioso emblema de la vida con sus dos fases: una de oro y otra de hierro. Sin embargo, atreviose a hacer una observación a la condesa.

-Sin duda -la dijo- en las brillantes sociedades de las grandes poblaciones, pueden encontrarse vicios y maldades que no se conocen en aquéllas donde la vida individual es más conocida, y la civilización ha introducido menos elementos de corrupción. Pero no puedo persuadirme, señora, que en ninguna parte la generalidad de los hombres pierda todo sentimiento de bondad. No puedo hacer a la especie humana el agravio de creerla tan mala que sea una desgracia y una excepción el poseer nobles y elevados sentimientos. En fin, no comprenderé jamás que el desprecio hecho de la sociedad pueda ser justificado por las imperfecciones que haya en ella, ni que debamos vivir sin estimar ni querer a nadie por temor a ser engañados.

La condesa se sonrió.

-Le creo a Ud., Carlos -dijo con voz dulce y melancólico acento-. Para Ud., joven y puro corazón de corazón de veintiún años, que aún no ha padecido, que aún no ha hecho padecer a nadie, la voz dolorosa de una existencia herida debe parecer una blasfemia de rabia y no un grito de dolor. ¡Presérveme el cielo de culparle a Ud. por su noble confianza, por su generosa creencia! Pero Ud. se engaña al pensar que yo juzgo al hombre por la sociedad. Se engaña también en suponer que desprecie al hombre o le aborrezca. No, por el contrario creo que no existe uno solo que sea completamente malo. Creo que en el fondo de la existencia más corrompida o culpable aún podemos hallar nobles y grandes cualidades, y que no hay crimen ni bajeza que, examinada por la causa y las circunstancias, no pueda presentar un fuerte apoyo de defensa. Los acontecimientos, más que los instintos, hacen al hombre malvado. El germen del bien como el del mal existe en el secreto de todas las almas, y yo no admito fácilmente la hipótesis terrible de una bondad o de una maldad innata. Esto sería un ultraje a la justicia del criador. Porque conozco al hombre no le aborrezco, y porque le conozco soy indulgente con sus defectos. Lo repito, sólo la juventud que aún no ha vivido ni juzgado es severa y exigente en este punto. El hombre que se conoce y conoce a los demás perdona muchas cosas. ¿Cree Ud. que no encuentro yo bellas cualidades en hombres llenos de defectos o que sus defectos pesen más para mí que sus virtudes? No, Carlos, ya he dicho a Ud. antes que hay defectos que pueden contribuir a hacer a un hombre amable; y añadiré que ninguno existe tan feo y odioso que me preocupe hasta el punto de juzgarle completamente despreciable. Pero si soy indulgente es porque ya no soy entusiasta, si no desprecio es porque ya no admiro, si no pido a la humanidad virtudes sublimes es porque sé que no las posee, y que sólo en la primera juventud puede el corazón del hombre dar ese perfume de poesía que bien presto la vida arrebata entre sus turbiones.

El mundo, como dice Shakespeare en Hamlet, es un campo inculto y árido que sólo abunda en frutos groseros y amargos. Cada hombre aisladamente puede, estudiándosele, presentar algunas virtudes más o menos raras, y defectos proporcionados a ellas; y aun no dudo que existan seres dotados de buena organización y favorecidos por felices circunstancias, en los que hallaremos una bondad inepta para ejecutar el mal.

En el hogar doméstico acaso veamos un padre de familia que ama a su esposa y a sus hijos, y que es bueno, puesto que es amado. Pero busquemos a ese hombre en la masa común llamada sociedad, y posible es que le veamos intrigar para perder a un rival que sirve de obstáculo a su engrandecimiento. Observaremos a un joven en quien hallamos muchos sentimientos de honor, que se sonrojaría si dudásemos de que es incapaz de una vileza, y en la sociedad le veremos hacer gala de sus vicios, burlarse de la credulidad de un corazón inocente, mancillar con lengua inmunda el nombre de una madre de familia. La mujer que posea en el fondo más dulzura, más amabilidad de carácter, y aun tal vez cualidades más bellas, despedazará a una rival a quien acaso estime en secreto, y se abatirá a la mentira y a la hipocresía para engañar a un marido, y usará de arterías miserables para vengarse de un enemigo, y de astucias para libertarse de un censor.

A la sociedad nadie va a lucir sus virtudes. Los buenos sentimientos se guardan para la vida privada, para la intimidad, para la confianza. A la sociedad del hombre va armado de la desconfianza que le defiende y de la malicia que le venga. La sociedad, sobre todo en las ciudades civilizadas y corrompidas, es la cloaca en que se vierten todas las inmundicias del corazón humano; la roca cóncava en que hallan eco todas las mentiras; la fragua en que se forjan todos los puñales que deben herir al corazón sin que se vea el amago. Yo prefiero los crímenes a las bajezas. En el hombre aislado hallaréis acaso el crimen; a la sociedad el crimen no llega, porque el crimen es grande y necesita espacio, pero veréis agitarse las pasiones mezquinas, los intereses encontrados, las sordas venganzas, las rastreras maquinaciones, las viles intrigas. A favor de su código salvaréis las apariencias, y si tenéis habilidad para dar un barniz brillante a vuestras acciones más feas, no se os pedirá cuenta de ellas.

-Pero señora -repuso Carlos-, ¿cómo conociendo esa sociedad puede Ud. vivir en ella? Y si cree que existen hombres no indignos de aprecio, ¿por qué no goza Ud. en el reducido círculo de los amigos elegidos por Ud. una sociedad más amena y menos peligrosa?

La condesa se sonrió.

-Donde quiera que se reúnan tres personas -dijo- ya pueden dividirla intereses opuestos, ya serían un fragmento de la gran sociedad y vendría contagiado de vicios. Pero doy por concedido que yo reuniese un número de amigos, y que ellos y yo nos aislásemos de la masa general y nos hiciésemos indiferentes y extraños para todo lo que no fuera nuestro círculo estrecho; y aun doy por posible que nada nos dividiese y que uno mismo fuese el interés de todos. ¿Sería felicidad aquella monótona existencia formada por el egoísmo? ¡Carlos! Sólo el amor puede llenar la vida, y cuando él no la llena es preciso el mundo entero que nos aturda con su ruido, que nos indigne con sus bajezas, que nos conmueva con sus desventuras, que nos murmure, que nos adule, que nos acaricie y nos maltrate, para darnos aún algunas emociones.

Yo me había resignado a este destino hace algún tiempo, pero Ud. me ha hecho un mal, un gran mal. Ud. ha venido a gritarme que existe la felicidad, que existe el amor, que existe la virtud. ¡Carlos! Desde que le conozco a Ud. hallo mi vida bien miserable, y créame Ud..., cuando llegue para mí el día de la vejez y de la soledad, no tendré de mis días de placer más que un recuerdo grato: el recuerdo de estos momentos pasados con Ud.

Al pronunciar estas últimas palabras la voz de la condesa temblaba entre sus labios, y sus ojos se fijaron en Carlos con una melancolía profunda. Parecía que una lágrima templaba el fuego apasionado de sus grandes ojos, y Carlos se sintió tan hondamente conmovido que tomando su mano la llevó con ternura a sus labios.

Elvira se incorporó en la cama en aquel momento. Catalina corrió a su lado, y Carlos permaneció absorto en sus reflexiones hasta el momento en que se acercó a él la condesa para decirle a Dios.

-Me marcho, Carlos -le dijo-, es ya de día y Elvira no tiene novedad. Creo que habrá sido ésta la última noche en que habremos velado juntos en este sitio. Aun le veré a Ud. algunos días aquí, pero Elvira se pondrá buena y entonces...

-Entonces -dijo él con viveza-, espero que me será permitido ir a pasar algunos momentos cerca de Ud., en su casa.

-Deseábalo -dijo ella-, pero no me atrevía a pedirlo. Sin embargo, Carlos, ¿por qué me privaría Ud. de este placer? Nada arriesga Ud. en concedérmelo y yo -añadió poniéndose encendida, yo creo que respetaré siempre la felicidad de Ud.

Salió ella y Carlos se encerró en su cuarto en el cual, sin embargo, no buscó el descanso de dos noches de desvelo. Paseábase por él a largos pasos, recordando cuánto había oído a la condesa. Estudiaba el alma y la vida de aquella mujer singular, en lo que ella le había revelado, conmovíase de su sencillez y su franqueza, encantábase con su talento y la magia de su conversación, y espantábase de la insaciabilidad de su alma de fuego, y del frío y desolante raciocinio de su implacable razón.

-Debe ser verdad todo lo que me dice -pensaba él-. Nunca podrá amar, nunca hallará un hombre que domine a la vez su apasionado corazón y su brillante y poderosa imaginación. ¡Pero si llegase a amar!... ¡Qué orgullo, qué satisfacción comparable a la de hacer feliz a esa criatura tan brillantemente desventurada.

Sin embargo, ¿pudiera ser durable ninguna impresión en semejante carácter? Esa exaltación febril -continuó-, paroxismo del alma, ¿puede conocer jamás la dicha tranquila de un amor recíproco y consolidado? No, sin duda, Catalina no hará nunca feliz a un esposo, pero concibo muy fácil que haga delirar a un amante. Vale más que continúe su frívolo y despreciable papel de coqueta..., vale más. Catalina, tal cual la he visto esta noche, es una mujer terrible. Una mujer que si no puede dar la felicidad ni recibirla, puede abrir para ella y para el que la ame un infierno de dolores y de crímenes... ¡de crímenes! -repitió espantado-, ¿y por qué?... Sin duda que no amará ella a un hombre que no sea libre, y ninguno que lo sea será criminal en amarla. Podrá ser desgraciado, pero..., no habrá una especie de dicha en serlo por ella y con ella.

Su criado entreabrió la puerta en aquel momento y viéndole aún levantado le dijo:

-Quería recordar a Ud., señor, que hoy es día de correo para Andalucía, y que si ha de acostarse bueno sería me diese ahora las cartas que he de llevar.

Carlos se estremeció. Era la vez primera que sus cartas para Luisa no estaban escritas desde la víspera de su salida, y esta vez aun había olvidado que era día de correo.

Despidió al criado y se puso a escribir. No sabemos si su carta fue tan larga como las anteriores, mas podemos asegurar que fue todavía tierna y sincera.

- XII -

-Y bien, ¿qué tal sigue Ud. con Catalina? -preguntaba una mañana Elvira a su primo-. Parece que durante mi enfermedad se han hecho Uds. amigos.

Carlos, que estaba sentado a alguna distancia del sofá en que se hallaba tendida la convaleciente, se levantó y fue a colocarse a su lado.

-La condesa -dijo- tendrá tantos amigos como personas tengan la dicha de tratarla.

-Según eso -repuso Elvira sonriendo-, su opinión de Ud. respecto a ella ha cambiado mucho. Veinte días hace, un mes a lo más, que Ud. me aseguraba que jamás podría querer ni estimar a semejante mujer.

Carlos se enfadó de que le recordase Elvira su prevención en contra de la condesa, y respondió con bastante sequedad:

-Eso sólo prueba que si fui entonces sobrado ligero en mis juicios, soy siempre bastante sincero para no querer pasar por consecuentes a expensas de la justicia.

-Ya le había dicho yo a Ud. -añadió Elvira-, que Catalina era una mujer irresistible, y me alegro mucho que, por fin, estén en buena armonía las dos personas que en Madrid me son más allegados.

En aquel momento llegó la condesa. Ocho días hacía que se hallaba de convaleciente Elvira, y en todos ellos su amiga la había visitado con la exactitud de un médico y con la esmerada y natural afectuosidad de una hermana. Desde las doce del día hasta las cuatro de la tarde, no salía un momento del aposento de la convaleciente, a la que entretenía con su variada conversación o con amenas y ligeras lecturas. Leía admirablemente: los versos, sobre todo, eran una música verdadera entonados por su voz cadenciosa y armónica. Como poseía con igual perfección las lenguas francesa y castellana, y traducía y hablaba más que medianamente el inglés, el italiano y el alemán; no le era extraño ningún escritor de mérito. Comprendía igualmente a Corneille, a Schiller, a Shakespeare y al Dante, y traducíalos con igualable talento y facilidad. Su agradable voz expresaba con tanta dulzura y gracia las ideas de Chenier como las de Garcilaso, y Racine como Calderón hubiéranse complacido en oír sus hermosos diálogos en aquella boca hechicera, que le prestaba nuevas galas.

Carlos, que se hallaba siempre presente a las lecturas y conversaciones de las dos amigas, admiraba cada día más el universal talento de la condesa, y su vasta y -sin embargo- modesta erudición. Como él poseía también varios idiomas, podía conocer mejor que Elvira todo el mérito que encerraban aquellas bellas e improvisadas traducciones que solía hacer de los poetas extranjeros, sin dar a este trabajo difícil y arduo la menor importancia. No menos le encantaba oírla recitar los más bellos versos de los grandes poetas franceses y españoles con exquisita sensibilidad y comprensión, y cuando discutía con lla sobre el mérito de unos y otros, sorprendíase siempre de la rapidez de su análisis y de la justicia y exactitud de sus decisiones. Reunía la condesa a la ardiente y poética imaginación de una española toda la sagacidad y finura de una parisiense. Analizaba como filósofo y como poeta, tenían sus pensamientos el vigor y la independencia de un hombre, y expresábalos con todo el encanto de la fantasía de una mujer, y aun con un poco de su amable versatilidad.

Era, en fin, un compuesto singular, una amalgama difícil de analizar; mas cualquiera que fuese el fondo del carácter que resultase de aquella combinación de cualidades opuestas. Había indudablemente una picante originalidad y un atractivo siempre nuevo en sus exterioridades, o por decirlo así, en su fisonomía, porque también hay fisonomía en los caracteres, y, a veces, más engañosa que la que presenta el rostro.

Catalina, condesa de S.***, era lo que suele llamarse en el mundo un carácter vivo y amable, pero el que observase las desigualdades que encubría aquel carácter bajo su aparente alegría, el que notase que aquella mujer era a la vez demasiado fría y demasiado ardiente, que había en ella como una contradicción perpetua entre el corazón y la cabeza, no podría menos que estudiarla con curiosidad y acaso con miedo. Hay en algunas naturalezas tempestuosas y contradictorias, una especie de influencia amenazante. Ciertas organizaciones son de una complicación tan dificultosa que no podemos analizarlas por temor de descomponerlas.

Carlos, sin embargo, estaba cada día más cautivado por la amenidad del trato de la condesa, y formaba un juicio más ventajoso de su corazón a medida que creía conocerla mejor. No salía apenas de casa de Elvira: levantábase temprano y esperaba con vivísima impaciencia la hora en que acostumbraba ir a Catalina. Cuando aquella hora sonaba el ruido de cada coche hacía palpitar su corazón, y cuando por fin se presentaba la condesa Carlos se admiraba de la alegría que su sola vista le causaba. Junto a ella hallábase ebrio en cierto modo. Junto a ella sólo podía admirarla, aplaudirla, gozar ávidamente de los momentos de dicha que su talento y su dulzura le proporcionaban, y felicitarse a sí mismo de poseer la amistad de una mujer tan distinguida y amable. Pero en el momento en que se marchaba Catalina se encontraba agitado y descontento. No podía pensar en ella sin una especie de dolorosa desconfianza, temía examinar aquella misma felicidad que gozaba junto a ella, y, aunque impaciente por volver a verla, sentía una especie de zozobra, que se aumentaba a medida que el momento en que debía llegar se aproximaba.

Sin embargo, no se le había pasado por el pensamiento al esposo de Luisa la más leve sospecha de estar enamorado. El sentimiento que le inspiraba la condesa no era ni podía ser amor: así por lo menos lo creía Carlos.

Aun siendo libre no hubiera elegido por su compañera a aquella brillante notabilidad de la corte, aun siendo libre no hubiera creído posible ser amado de la que era el objeto de tantas adoraciones.

Catalina no le inspiraba sino sentimientos de admiración y, a veces, timidez, y, aunque se fuese aumentando su estimación hacia ella a medida que la trataba, sucedíale que se aumentaba al mismo tiempo su desconfianza. Creíala buena, generosa, sincera, exaltada, pero en vano quería persuadirse algunas veces de que podía poseer al mismo tiempo las cualidades apacibles y las virtudes modestas que prometen la felicidad y justifican la confianza. Así es que era un admirador entusiasta de la condesa, él se excedía hasta calificarse como su más apasionado amigo, pero no comprendía que se pudiese desear el ser su esposo, y compadecía, aunque no condenaba, a los que se mostraban sus amantes. Carlos, pues, no quería confesarse que había peligro para él en aquella intimidad.

Por lo que hace a Catalina, que en ocho días no había pensado en otra cosa que en Elvira y Carlos, que no había tenido otra distracción que el estar con ellos, y que veía con disgusto que muy pronto tendría que volver a su vida de placeres, gozaba con una especie de avaricia de aquellas horas de dulce intimidad que tanto sabía hermosear, y no se cuidaba de evitar el trato frecuente con un joven que harto sentía no le era indiferente. Conocía que si bien había sido el despecho de la vanidad herida el primer móvil de su empeño en cautivar a Carlos, hacía ya muchos días que causaba en su corazón una impresión extraña.

Sorprendíase muchas veces junto a él embebida en contemplar sus grandes ojos negros de mirada altiva y ardiente, y su frente tan noble y tan pura como la del Adán de Milton.

Cuando él hablaba ella contenía su respiración y le oía con un interés que no procuraba ocultar. Su talento y su timidez, y su orgullo, su ignorancia de la vida y del mundo, y su perfecto conocimiento de sus deberes, la natural bondad de su corazón y la severidad de sus principios. En fin, el encanto nunca agotado que ella encontraba en estudiar aquella alma activa y aquella cabeza meridional, todavía jóvenes y poderosas, siempre empero dominadas por una enérgica voluntad; lo nuevo que era para ella el tener que conquistar a fuerza de verdaderas y apreciables cualidades de corazón, un homenaje que siempre había obtenido por sólo su talento y su hermosura, todo esto la aficionaba más y más a Carlos. Cada día se hallaba más preocupada, a cada momento pasado junto a él se aumentaba la impresión vivísima y profunda que causaba en su corazón.

Pero lejos de huirle se daba prisa en tratarle, en estudiarle, en comprenderle y en abrevarse -por decirlo así-, en la ponzoña de sus miradas: miradas que tenían un poder indecible sobre aquella mujer singular. Y no se crea que Catalina procediese así por falta de prudencia, ni que se hubiese propuesto conquistar a cualquier precio el corazón de Carlos. Su conducta era precisamente el efecto de un deseo contrario y de un prudente cálculo. Sabía ella que sus ilusiones no resistían jamás al análisis, sabía que ningún hombre era para ella conocido lo que había sido imaginado: confiaba en su inconstancia, en su delicada sensibilidad tan fácil de lastimar, en la percepción admirable que había en ella para con los defectos... En fin, Catalina hacía con el amor lo que se debe hacer con el terror pánico.

Sabía que el miedo no se disipa huyendo del objeto que nos le inspira, porque la imaginación le dará formas más colosales y medrosas a medida que menos le veamos con los ojos del cuerpo, y el mejor remedio es acercarse, palpar, descomponer, si es preciso, el objeto desconocido que nos ha atemorizado. Regularmente dicho objeto luego que es examinado inspira desprecio, y nos reímos de nuestro pasado temor.

Éste era, pues, ni más ni menos lo que la condesa esperaba. Se conocía lo bastante para saber que huyendo sólo haría más fuerte a su enemigo, y como mujer que comprende las pasiones y que se apoya en su talento, quiso combatir cuerpo a cuerpo, persuadida que acaso hallaría una sombra en lo que su imaginación le presentaba como un formidable gigante.

Tal era su cálculo, y se admiraba de que en ocho días de un trato casi continuo y de un examen severo, no se hubiese entibiado en manera alguna su entusiasmo.

Cuando Elvira se halló completamente buena y declaró que iba a volver a su antiguo régimen de vida, Carlos y Catalina se estremecieron. Miráronse al mismo tiempo con igual expresión, y cada uno de ellos comprendió que el pensamiento de dejar de verse todos los días era ya insoportable para el otro.

-¡Acaso me ama! -se dijo a sí misma Catalina con imprudente e involuntaria alegría.

-¡Acaso me ama! -se atrevió a pensar por primera vez Carlos. Y se estremeció de espanto y acaso también de orgullo.

Cada uno de ellos juzgaba los sentimientos del otro, y no examinaba los suyos. ¿Por qué? Catalina porque empezaba a temerlos, Carlos porque aún no los conocía.

- XIII -

Eran las dos de la tarde de un bello y templado día del mes de abril cuando Carlos entraba por la segunda vez de su vida en casa de Catalina de S.***.

Tres días hacía que no la veía. Elvira, restituida a su antiguo método de vida, no estaba casi nunca en su casa, y Carlos, que no se había determinado a presentarse en la de la condesa, había pasado aquellos tres días en una casi absoluta soledad, aunque ocupado en sus asuntos no dejó de pensar con sobrada frecuencia en Catalina.

-Sin duda -decía-, habrá vuelto con placer a esa agitada atmósfera en que vive, y en el tumulto de los placeres que la cercan bien pronto se borrarán de su memoria estos quince días de amistad y recíproca expansión que hemos pasado juntos. Quizá en este momento en que yo aún creo aspirar en estos sitios el perfume de sus cabellos, ella en medio del círculo de sus elegantes admiradores, olvida hasta la existencia del joven modesto y sin brillo, a quien ha tratado en horas de soledad y tristeza junto al lecho de una enferma. Mis recuerdos estarán asociados en su memoria con los de las enojosas circunstancias que motivaron nuestro conocimiento, ¿y quién me asegura que si fuese yo bastante atrevido para ir a arrojarme en medio de sus triunfos, para reclamar la amistad que me ofreció en la soledad de la noche a la cabecera de un lecho de dolor, no sería tratado por ella como un loco o un estúpido?...

Pero no me quejo -añadía apretando maquinalmente a su pecho el relicario de la virgen, que le dio su esposa en la despedida-. Debo alegrarme de que la impresión que estos días han podido dejar en su corazón sea tan efímera como ha parecido viva y verdadera. Sin duda ella no mentía, no era una ficción su complacencia cuando estábamos juntos, su tristeza al separarnos, sus miradas llenas de ternura y de dolor cuando me decía: «Carlos, ya acabaron para nosotros estas dulces horas de intimidad y confianza». No, no era ficción nada de esto, porque no se puede fingir así, porque ella es demasiado sincera y buena para burlarse infamemente de la credulidad de un corazón noble. Pero aquellos sentimientos no pueden ser durables. Son sensaciones fugaces nacidas de una imaginación ardiente y exaltada, y que pasarán sin dejar ninguna huella. Esto es una felicidad. ¿Qué ganaría yo con ser amado de ella?, ¡amado de ella!... ¡Qué locura...! Es imposible por dicha mía. ¡Amado de ella...!, ¡no lo quisiera el cielo jamás! Y no lo temería si sólo mi felicidad peligrase... ¡Pero Luisa! ¡Mi Luisa!

Y el joven besaba el escapulario de la virgen, y recordando las palabras de su esposa al colocarlo en su seno, as repetia con una especie de supersticioso fervor.

-Ella te proteja.

Pero pasados tres días en continua melancolía y en una mal comprimida agitación, resolviose a ir a visitar a la condesa, pareciéndole que no podía eximirse de esta atención sin incurrir en la nota de grosero y de ingrato.

Fue, pues, y al llegar a la casa de la condesa sintiose tan agitado que estuvo a punto de volverse sin entrar. Pero en el momento en que iba a realizar su intención apareció Elvira que salía de casa de la condesa, y que al verle le dijo con viveza:

-Gracias a Dios que, por fin, quiera Ud. una vez en su vida ser atento y cortés con sus amigos. La pobre Catalina está bien mala, y hubiera Ud. venido a informarse personalmente de su salud.

-¡Está mala! -exclamó Carlos, pero Elvira estaba ya a veinte pasos de distancia, y el portero fue quien contestó:

-Sí, señor, está algo mala la señora condesa, pero no ha guardado cama. Su indisposición, según me ha dicho su doncella esta mañana, más es tristeza que otra cosa.

Carlos no oyó más. Subió corriendo las escaleras y apenas dio tiempo de que le anunciasen, tal fue la impaciencia con que se lanzó al gabinete en que le dijeron estaba la condesa. Toda su turbación y su timidez habían desaparecido al saber que Catalina padecía. Esperaba hallarla contenta, resplandeciente, triunfante, y las palabras «está mala», «está triste», operaron un trastorno completo en sus ideas y sentimientos.

Catalina estaba reclinada con languidez en su elegante sofá, cuyo elástico asiento cedía muellemente al ligero peso de su delicado cuerpo. Tenía un peinador blanco con el cual competía su tez extremadamente pálida aquel día, y sus cabellos, recogidos con negligencia hacia atrás, dejaban enteramente despejada su hermosísima frente y sus grandes y brillantes ojos.

Al oír el nombre de Silva se incorporó con un movimiento de sorpresa y duda, pero al verle animose súbitamente su melancólico rostro y brilló en sus ojos la más viva alegría.

-¡Carlos!, ¡Carlos! -exclamó con acento capaz de volverle loco- ¡Por fin le vuelvo a ver a Ud.!

-Catalina -dijo él tomando con un estremecimiento de placer la mano que ella le alargaba a Catalina-, yo ignoraba que Ud. estuviese mala.

-Es decir -repuso ella con melancólica y hechicera sonrisa-, que sólo debo a mi indisposición...

-No -la interrumpió él sentándose a su lado-, pero yo temía... Perdone Ud., Catalina, temía encontrar a Ud. en el círculo de sus adoradores, en la atmósfera de placer que la rodea en esa brillante sociedad a la cual soy extraño. Temía que mi presencia fuese a Ud. importuna..., que no me fuese posible ver a Ud. sin disgusto cercada de sus numerosos amigos, y que acaso mi... egoísmo -si Ud. quiere darle este nombre- me hiciese parecer ridículo.

-¡Ingrato! -dijo ella, y enseguida continuó esforzándose por tomar un tono tranquilo y amistoso- Es una injusticia de Ud. el suponerme tan frívola, tan inconsecuente, que olvidase por los placeres de una amistad que con tanto orgullo había aceptado y con tanta ternura correspondido. No, no pudo Ud. pensar jamás que me sería importuno, y si es cierto que Ud. lo pensó, no debía decírmelo, porque con eso me quita una ilusión: la de creer que Ud. había conocido mi corazón. Pero, en fin, ya le veo a Ud. después de tres mortales días en que he padecido cruelmente.

Concluidas estas últimas palabras escapadas a su natural sinceridad, conoció que había dicho demasiado y añadió con muy poca pretensión de ser creída:

-He estado mala.

-¡Y bien!, ¿qué tiene Ud.?, ¿qué ha tenido? -preguntó Carlos con inquietud.

Catalina pareció consultar la respuesta consigo misma, y buscar en el número de las enfermedades de comodín alguna que viniese al caso, pero como su viva imaginación le ofreciese en el instante una porción de males acomodables, no se detuvo en elegir y contestó después de un breve instante de reflexión.

-Jaqueca, ataques de nervios, un fuerte constipado, vapores... Algo de bilis seguramente.

Lo cierto era que su mal no había sido otro que el despecho y la pena de haber esperado a cada hora durante tres días una visita que no había tenido, y que su tez pálida, sus ojeras, su tristeza, no tenían otro origen que el poco dormir, y la inapetencia, y el disgusto continuo que le causaba al verse despreciada por un hombre de cuyo amor se había lisonjeado tres días antes, y del cual, a pesar suyo, se sentía locamente apasionada.

Carlos manifestó su pesar al oír la enumeración de todos los males que en tres días habían agobiado a su amiga, y enseguida se mostró sorprendido de no encontrar junto a la bella doliente ninguno de sus numerosos amantes y amigos.

-Eso consiste -dijo la condesa-, en que me he negado ayer y hoy a todo el mundo. No me hallaba capaz de disimular mi enfado, y además quería probar si a fuerza de entregarme a un solo pensamiento lograba hacerle menos tenaz.

-¿Y cuál es ese pensamiento? -la dijo Carlos, fijando en los de Catalina sus soberbios ojos árabes, que parecía querer llegar hasta el fondo de su alma.

-¿Cuál...? -y ella también le fijó con su mirada fascinadora- ¿Quiere Ud. saberlo?

-¡Sí!... ¡Sí!

Y al decir este «sí» ya casi adivinaba lo que preguntaba, ya se lo decía su corazón y la mirada apasionada de Catalina. Pero él no estaba en su entero juicio, y arrastrado por un loco deseo de oír lo que no ignoraba, repetía apretando la mano de la condesa:

-Sí quiero saberlo.

-Pues bien -dijo ella-. Carlos, pensaba en que soy muy infeliz..., en que no me convenía haber conocido a Ud.

Carlos no halló palabras para responder a aquella imprudente manifestación, pero no fue ya dueño de sus acciones y cayó a los pies de la condesa.

Aquella acción y la expresión de su rostro lleno de pasión y de dolor al mismo tiempo, sacaron de su peligroso abandono a la condesa.

-¡Carlos! -le dijo, procurando aparentar una tranquilidad que no tenía-, créalo Ud. pues se lo aseguro: no me convenía haber conocido a Ud. porque su felicidad me hace recordar sin cesar que yo carezco de ella. Pero si Ud. puede, si Ud. quiere ser mi amigo... mi hermano..., ¿consiente Ud.? Entonces aún podré encontrar dulce mi destino.

-¿Su amigo de Ud.?, ¿su hermano? -exclamó él con una mezcla de miedo y de esperanza- ¿Y qué otro título puedo desear?, ¿qué otro vínculo puede existir entre los dos? ¡Su hermano de Ud.!... Sí, yo lo quiero ser, Catalina. Fuerza es que Ud. me haga su hermano porque nada más puedo ni debo ser para Ud., porque si Ud. quisiese inspirarme otros sentimientos llegaría un día en que se arrepintiese de ello, un día en que desearía y no podría volverme la felicidad que me había robado, y en que pesaría sobre Ud. un remordimiento terrible: el de haber hecho criminal a un hombre honrado y desventurada a una inocente niña; porque lo que para Ud. acaso sería un capricho, un pasatiempo, para mí sería una pasión, un delirio, un infortunio, ¡un crimen!

-¡Ah, Carlos!, calle Ud., calle Ud. -exclamó la condesa cubriéndose la cara con ambas manos.

Carlos percibió un ahogado sollozo, y más que nunca conmovido y más que nunca trastornado por aquella posición inesperada en que se veía, apartó las manos con que cubría la condesa su semblante y, al verla bañada en lágrimas y hermoseada por una especie de terror que se pintaba en sus facciones, apretó sus manos sobre su corazón y la dio los más dulces nombres rogándola que se calmase.

En aquel momento un criado anunció desde la puerta a Elvira, y apenas Carlos tuvo tiempo de levantarse de los pies de la condesa cuando entró su prima.

Catalina se quejó de un fuerte dolor de cabeza que explicaba la alteración de su rostro y la humedad de sus ojos. Elvira la condujo a la cama declarando que pasaría a su lado todo el día, y Carlos se marchó tan agitado, tan fuera de sí, que anduvo a todo Madrid antes de acertar a ir a su casa.

La escena en que acababa de ser actor le daba una funesta luz sobre sus sentimientos. Conocía por primera vez que estaba enamorado de la condesa, que junto a ella no podía responder de sí mismo. Creía también que era amado con más pasión, con más entusiasmo que lo había sido hasta entonces... Y, sin embargo, su cariño por su esposa lejos de haberse disminuido parecía tomar mayor vigor de sus remordimientos, y al conocerse culpable Luisa se hizo mucho más interesante para su corazón.

-¡Pobre ángel! -decía paseándose precipitadamente por su aposento- ¡Si supiera que su marido ha sentido a los pies de otra un delirio tal que le ha faltado poco para ofrecer un corazón que sólo ella debe pertenecer!... ¡Si lo supiera!... ¡Ah!, me perdonaría, estoy cierto, porque su alma divina sólo fue formada para querer y perdonar, y su voz angelical no puede pronunciar sino bendiciones y plegarias. Pero ella, la inocente y apacible criatura, no comprendería nunca una pasión loca, frenética... ¡Ella no me hubiese amado si como Catalina no pudiese amarme sin crimen!

Y él, todavía virtuoso pero ya ingrato e injusto esposo, casi deseaba hallar en la virtud de su mujer un motivo que excusase su pasión criminal por otra, y al decir -ella no hubiera sido capaz de ser culpable por mí- creyó que se deducía naturalmente esta consecuencia: Luego ella no me ama tanto como Catalina. Y, por consiguiente, esta conclusión: Excusable es mi infidelidad.

Tal es la lógica de las pasiones, y tal será siempre por más que al contemplarse a sangre fría comprendamos y denunciemos sus sofismas.

Carlos pasó una tarde agitada y una noche peor. Elvira, que había vuelto a las once de casa de la condesa, habíale dicho que la dejaba con alguna calentura, y su imaginación le exageraba el padecimiento y el peligro. El infeliz no durmió en toda la noche, y, sin embargo, sueños febriles y devorantes le impidieron en todas aquellas largas horas un momento de reflexión.

¿Qué mortal que haya amado y padecido desconoce estos terribles ensueños del insomnio, durante los cuales en vano estaban abiertos los ojos y el cuerpo erguido? La razón no por eso está despierta, ni el corazón exento de pesadillas. La imaginación divaga sin darle tiempo para pedirle cuenta de sus extravíos, y víctima suya el corazón cede palpitando al fatal y ciego poder que le esclaviza.

A un hombre le será siempre más fácil responder de sus acciones que de sus pensamientos, y ciertamente no habría mayor locura que pedirle cuenta de ellos.

- XIV -

Carlos supo por Elvira al día siguiente que la condesa estaba muy mejorada, y por la noche que había dejado la cama.

Resolvió visitarla a la siguiente mañana, y se proponía para justificar consigo mismo esta segunda y peligrosa visita, manifestar a la condesa una tan noble, tan pura y tierna amistad, que bajo la égida de tan santo nombre no se atreviese a compadecer jamás una pasión culpable. Confiaba todavía en sus fuerzas que había reunido para que le sostuviesen en su virtuosa resolución, y confiaba también en la misma Catalina, que no dudaba procuraría combatir una inclinación desgraciada.

Pero pasó el día sin que tuviese un momento de bastante serenidad y aplomo para juzgarse en la disposición necesaria para ir a ver a Catalina, y era ya bastante entrada la noche cuando salió con dirección a la casa de ésta.

Dos días antes había llegado a su puerta turbado con el temor de hallarla contenta, brillante, olvidada de él y toda consagrada a sus placeres y triunfos, y esta vez agitábale un temor de otro género. Acaso la hallaría más pálida y débil que en su última visita, acaso iba a tener que hallarse con ella en una peligrosa soledad... En fin, presentía con espanto que si tales pruebas le estaban reservadas su victoria era asaz incierta.

Subió temblando la escalera. No puso atención en que toda la casa estaba perfectamente alumbrada, y sólo cuando llegó a la antesala oyó el murmullo de varias voces. En la extrema agitación en que se hallaba un horrible pensamiento se le presentó en aquel instante, y dijo golpeándose la frente:

-Está muy mala: ¡Dios mío!, ¡está muy mala!

Su aparición fue un verdadero golpe teatral, y para que nada faltase a la naturalidad cómica de aquella escena, apenas se presentó pálido, azorado, trémulo en medio de la lucida sociedad que la condesa reunía en su casa aquella noche, quedose inmóvil, estático, tan encendido como pálido había estado un momento antes, y con un aire casi estúpido.

Un sordo murmullo circuló por toda la sala.

-¿Quién es? -preguntaban unos.

-¿Está loco el primo de Elvira de Sotomayor? -decían otros.

-Ésta ha sido una sorpresa -repetían algunas maliciosas-, una travesura de la condesa para divertirse a expensas de ese pobre tonto.

-¡Y qué guapo es!... -observaban las más jóvenes.

-Sin embargo, es un necio, ¿qué hace allí inmóvil como el convidado de piedra en el festín de D. Juan?

En efecto, la sorpresa, la confusión, la vergüenza y el despecho de Carlos, habíanle dejado estático por algunos momentos, y cuando advirtió el ridículo papel que estaba haciendo en aquel salón resplandeciente, lanzose fuera de él con la misma impetuosidad con que había entrado, sin saludar a nadie ni saber lo que hacía.

En cualquiera otra circunstancia este extraño episodio de la fiesta hubiera sido celebrado con unánimes risas y burletas; pero la extrema palidez que se extendió por el rostro de la condesa, la ansiedad con que sus miradas siguieron a Carlos, y la visible emoción que la obligó a sentarse cuando al parecer quiso seguirle, todo esto que no se escapó a las perspicaces personas que la rodeaban, dieron otro colorido muy diferente al cuadro. Cada cual sospechó una amorosa aventura, una escena novelesca, en lo que pronto parecía una casualidad insignificante y risible o una torpeza de cortesano novicio, y nadie se atrevió a ridiculizarla. Por el contrario, hacíanse en voz baja mil diversos comentarios: los hombres concebían celos de la emoción que la sola vista de Carlos causaba en la condesa, y las mujeres, que veían allí sin poderlo dudar una imprudencia de amor cometida por un joven de interesantísima figura, envidiaban en secreto a la mujer que podía quejarse de ella.

Mientras tanto, Carlos bajaba las escaleras como un loco, y hallándose al momento en la calle echó a andar desatinado y sin saber a dónde.

Tenía el necesario amor propio para sentirse avergonzado y casi furioso del ridículo que acababa de echar sobre sí delante de la condesa; y como si ésta hubiera debido preverlo, como si fuese culpa suya, indignábase contra ella y casi la aborrecía.

Acordábase haberla visto hermosa y adornada en medio de sus adoradores, en el momento en que él se presentó como un loco creyendo hallarla acaso moribunda... Dudó de su amor, dudó de su voluntad. Ocurriósele al insensato que acaso se burlaría ella misma con sus amantes del raro espectáculo que acababa de ofrecerles, y en su arrebatamiento de cólera, de despecho y de dolor, estuvo a punto de volver a casa de la condesa para abrumarla de injurias en presencia de toda su tertulia.

En aquel momento volvía a ser para él la coqueta sagaz, fría, implacable. En aquel momento no pensaba en Luisa, ni en nadie, sino en aquella mujer a quien aborrecía, y a quien se proponía sin embargo despreciar.

Hallose en el Prado sin haber tenido intención de ir a él. El fresco bastante penetrante de una noche de abril, la soledad y el silencio de aquel sitio en aquella hora, y sobre todo algunos minutos de reflexión que pasó allí, calmaron el ardor de su sangre y la ira de su corazón. Examinando bien lo ocurrido no pudo menos de conocer que ninguna culpa tenía la condesa en lo que sólo era efecto de su propia imprudencia, y cuando a las doce de la noche regresó a su casa, si bien profundamente pensativo, estaba sin duda alguna más calmado.

Encerrose en su aposento y procuró dormir. No le fue fácil, pero lo logró al fin, y en su sueño se le representó que veía volar a su esposa entre un coro de ángeles, que venían a custodiarle y que se interponían entre él y la condesa, a la que le presentaba el sueño en la misma sala de baile, y tan adornada y tan hermosa y tan pérfida como le había parecido aquella noche.

Despertose muy tarde al otro día: eran las doce cuando su criado entró a servirle el almuerzo y a rogarle de parte de Elvira que antes de salir pasase a su alcoba.

Fue, en efecto. Estaba en cama todavía, se quejó de no sentirse muy buena y le mandó se sentase en una silla que estaba junto a su cama.

-Deseaba hablar Ud. para que me explicase su conducta de anoche -le dijo después sonriendo.

-¡Pues qué!, ¿estaba Ud. allí?

-Ciertamente.

-¿Y cómo no me había dicho nada de esa fiesta?, ¿por qué se me hizo un misterio de ella?

- No sé qué especie de misterio sea ése -respondió Elvira-, en cuanto a no haber dicho a Ud. que tenía reunión anoche la condesa. Culpa es de Ud. que en todo el día no salió de su cuarto excusándose hasta de acompañarme en la mesa. Además, como sabía que Ud. no había de ir, como sólo una visita ha hecho a Catalina y ella, por otra parte, antes de ayer me apreció poco dispuesta a oír de Ud... Francamente, Carlos, creí que estaban Uds. otra vez enemistados.

-Yo no seré nunca ni amigo ni enemigo de la condesa -respondió Carlos con viveza-. Soy poca cosa, señora, para lo uno y para lo otro.

Elvira le miró con más sagacidad de la que tenía de costumbre.

-¡Y bien! -le dijo- Yo lo que deseo es que Ud. me explique su conducta de anoche.

Carlos dijo la verdad, aunque sin entrar en detalles, y atribuyó a la sorpresa de hallarse con una reunión cuando creía encontrar enferma a la condesa, todo el desconcierto con que se presentó.

Se disponía Elvira a reconvenirle dulcemente por su poco disimulo, por su falta de serenidad. En fin, por no haber sabido dominarse y hacer de la necesidad virtud, aparentando que iba prevenido a la tertulia, cuando la puerta de la alcoba se abrió de pronto y entró la condesa con traje negro y mantilla, y con una cara verdaderamente enfermiza.

Al ver a Carlos se conmovió tanto que apenas acertó a saludarle, y él por su parte quedose turbado sin saber si debía salir o quedarse. Sentose la condesa en la misma cama de Elvira diciendo que sólo estaría un momento y entonces Carlos determinó permanecer y procuró mostrarse todo lo sereno e indiferente que le fuese posible.

-¡Qué lindo aderezo estrenaste anoche! -dijo Elvira-, ¡qué hermosa estabas! ¿Sabes que el marqués de *** te se enamoró anoche muy de veras? ¿Y el coronel de A.?... ¿Sabes que hiciste su conquista?

Catalina no atendió a estas palabras y dijo a Carlos, con voz un poco trémula:

-¿Por qué no permaneció Ud., puesto que había entrado?

-Señora -respondió secamente-, no iba dispuesto para una reunión.

-Pero -repuso ella-, ¿por qué al menos no esperó Ud. un instante? Después... yo hubiera salido, hubiera dado Ud. las gracias...

-¿De qué, señora? -preguntó él con prontitud.

-Del interés que mi salud le inspiraba.

-¡Luego sabía Ud. que yo la creía enferma, que entraba en aquella sala devorado de inquietud, agitado de mil temores!...

-Lo adiviné, Carlos, su acción de Ud. me lo explicó todo.

-Y debí parecer a Ud. un loco..., un ente ridículo -dijo Carlos con forzada sonrisa.

-¡A mí! -exclamó ella con una expresión inimitable.

-Ciertamente, señora, pero yo celebro -prosiguió él dándose un aire afectado de jovialidad-, yo celebro que a costa de un pequeño sacrificio de la vanidad haya yo podido dar a Ud. un testimonio indudable de mi amistad, del interés que él me inspira.

La condesa se inclinó un poco y con voz muy baja:

-¿Es verdad, Carlos? -le dijo-, ¿deberé creerlo? ¿Será Ud. siempre mi amigo?

-¡Quién lo duda! -respondió con una ironía, la más impertinente; pero, por desgracia, bastante graciosa.

Enseguida su rostro, que sabía a las veces tomar un gesto severo y dominante, cambió repentinamente de expresión, y poniéndose en pie y despejando, como por distracción, su hermosa frente, cuya azulada vena se señalaba enérgicamente en aquel momento, añadió mirando con frío orgullo a la turbada Catalina:

-Mi amistad, señora, debe valer bien poco para una persona que tiene tantos amigos como hombres la han visto. Mi amistad, por otra arte, no pudiera ser ni aun comprendida por el brillante talento de Ud.

Yo agradezco de que Ud. tenga la bondad de manifestar que la desea, pero, persuadido de que no puede existir entre Ud. y yo ningún género de simpatía, renuncio a un honor que pudiera serme muy difícil de conservar.

Al concluir estas palabras se puso a hojear un libro que tomó de la mesa, y la condesa, que le había escuchado sin pestañear, se levantó en silencio y se salió del aposento.

-¿Adónde va Catalina? -dijo incorporándose Elvira- Carlos, corra Ud., no la deje Ud. que se vaya..., tengo que hablarla..., corra Ud.

Carlos salió bastante despacio, a pesar de las instancias de Elvira, y sin dejar de hojear el libro que llevaba en la mano, como si le interesase extraordinariamente el contar de sus páginas. Encontrose Catalina de pie junto a una mesa en la que apoyaba sus dos manos. Acercose lentamente y la dijo:

-Señora, su prima de Ud. desea hablarla.

Levantó ella la cabeza y vio él que tenía los ojos y las mejillas inundadas de lágrimas. Un corazón de veinte y un años no ve jamás fríamente el llanto de una mujer hermosa, aun cuando no la ame. Carlos se sintió súbitamente desarmado, y cambió de rostro y de lenguaje:

-¡Catalina! ¡Catalina! -la dijo asiéndola de la mano-, ¿por qué llora Ud.? ¿Es de compasión o de cólera? ¿Es llanto de arrepentimiento o de despecho?

-Es de dolor -respondió ella-, de dolor es, Carlos. Y no porque crea que soy a Ud. tan extraña como ha querido fingir, no porque deje de conocer que es el resentimiento y no el corazón quien le dicta a Ud. las crueles palabras que acababa de pronunciar, sino porque ese resentimiento me prueba que soy cruelmente juzgada.

-Catalina -dijo él-, yo no acuso a Ud. ni tengo derecho para quejarme, pero séame permitido huir de la mujer que sólo se me presenta sensible y tierna para trastornar mi razón, para arrebatarme el sosiego, y que vuelve a ser feliz insensible y coqueta cuando se le antoja, para añadir a mi remordimiento la vergüenza de haber sido indignamente burlado.

-Cuando Ud. me vio sensible y tierna -respondió ella- no me había detenido un momento en el pensamiento de que su felicidad de Ud. y la de otra estaban en peligro. Creía yo que sólo arriesgaban la mía. Más, ¡lo confesaré todo!... Sí, esperaba que los sentimientos a los cuales imprudentemente me abandonaba, no serían de una gran influencia ni en su suerte de Ud. ni en la mía. Pero desde aquel día, desde aquel momento en que le vi a Ud. a mis pies, en que Ud. me recordó cuán inmensa responsabilidad caería sobre mí... ¡Carlos! Desde que conocí por mi dolor profundo la extensión de mi amor, y por sus palabras de Ud. la grandeza de mi falta... Desde entonces no he debido, ni deseado, alimentar una esperanza insensata. Desde entonces me juré a mí misma respetar su felicidad de Ud. y la de una mujer que le es tan cara, y por difícil que me fuera lograrlo intentar combatir mi fatal compasión y devolver a Ud., aun a precio de su amistad y estimación, el concepto errado que de mí concibió en un principio. Pero era un heroísmo superior a mis fuerzas, Carlos. Conozco en este instante que me será menos amarga que la sola idea de ser por Ud. despreciada.

El llanto daba una expresión irresistible al rostro de Catalina, y la vehemencia con que había hablado fatigola tanto que su flexible talle se dobló como un junto, cayendo desplomada en una silla.

Carlos, tan trémulo como ella, la ciñó con sus brazos.

-¡Luego es cierto que usted de ama! -exclamó con una especie de doloroso placer.

Ella no respondió, pero su cabeza se apoyó en el pecho de Carlos, y un débil gemido reveló más que su acción la fuerza y vehemencia del sentimiento que la dominaba.

Carlos no estaba en su juicio. Apretábala frenético contra su seno y como poseído de un vértigo pronunciaba palabras incoherentes.

La voz de Elvira sacó a ambos de tan peligroso delirio. Sonaba la campanilla de su alcoba y ella gritaba llamando a sus criadas.

Carlos huyó de la condesa y fue desatinado a encerrarse en su cuarto.

Catalina quiso levantarse y volvió a caer en su silla. La doncella de Elvira, al verla, acudió en su auxilio.

-Mariana -la dijo la condesa-, excúseme Ud. con su señora de no entrar a decirle adiós: me he puesto súbitamente mala... Ayúdeme Ud. a ir a encontrar mi coche.

La doncella la condujo casi en sus brazos, y cuando entró a ver a su señora la refirió lo que la había dicho la condesa y el estado en que la había encontrado.

Elvira saltó del lecho haciendo un gesto de cólera y pesar.

-¡Oh Dios mío! ¡Dios mío! -exclamó sin cuidarse de ser comprendida por Mariana- Si tal fuese la causa jamás perdonaría a ese hombre.

¡Bárbaro!, ¡Imbécil! -añadió dando un golpe en el suelo con su pulido pie todavía descalzo- ¡Será capaz de no comprender su dicha!

La doncella ayudó a vestir a Elvira que se fue a comer con su amiga sin procurar ver a Carlos, ni dejarle un recado de atención como acostumbraba.

-Señor don Carlos, señor don Carlos -dijo la conocida voz de su criado, golpeando suavemente en la puerta del gabinete en que nuestro héroe se había encerrado.

Con voz terriblemente alterada y con acento de mal humor se oyó responder:

-¿Qué quieres Baldomero?

El cartero acaba de dejar las cartas que han venido para V. S. por el correo de Sevilla.

La puerta se abrió y Carlos alargó una mano trémula para recibir las cartas. La letra de Luisa que conoció a la primera ojeada en el sobre de una de ellas, le dejó tan confuso cual si hubiese visto delante súbitamente a la misma Luisa pidiéndole cuenta de sus pensamientos.

La carta se le escapó de la mano y dos minutos transcurrieron antes de que tuviese bastante resolución para levantarla y abrirla. Apenas la hubo desplegado una cosa de más peso que un papel cayó a sus pies, y era tan fuerte la afección nerviosa que le agitaba, que tuvo miedo de buscarla, como si presintiese que en ella había de encontrar nuevos motivos de pesar y remordimientos.

«Mi amado Carlos: (decía la pobre niña) Me ha dado lástima la profunda tristeza que se descubre en tu última carta, y conozco que padeces tanto como yo en esta cruel ausencia.»

Él se golpeó la frente repitiendo:

-¡Ah! ¡Sí, cruel! ¡Bien cruel, pues harto infeliz puede hacerme! -y continuó leyendo.

«Creo que si esta separación se prolongo nos hará mucho mal a los dos, nos hará muy infelices.»

-¡Muy infelices! ¡Sí! -volvió a exclamar- ¡A ti también, pobre ángel!... ¡Ah! ¡No, no! No lo consentiré.

Y temblándole las manos y oscurecida la vista por las lágrimas, que se agolpaban a sus ojos, continuó leyendo.

«¡Si vieras cuán mudad estoy! Ya no soy bonita, esposo mío, porque las lágrimas y los pesares me han enflaquecido, y las que tú llamabas rosas de inocencia y de juventud han desaparecido de mis mejillas. Pero tú me las devolverás pronto, ¿no es verdad? Tú me volverás con la felicidad la hermosura y la salud, porque conozco que estás tan impaciente como yo por dejar esa maldita corte en la que tanto te aburres. Mamá quiere persuadirme de que no estarás tan fastidiado como yo creo, pero bien sé que no hay para ti placeres ni distracciones lejos de tu Luisa.»

-¡Cándida y sublime confianza! -exclamó él- ¡Desgracia y oprobio al hombre bastante vil para burlarla!

Y después de dos vueltas en derredor de la sala, volvió a tomar la carta.

«El vestido que me has enviado es muy lindo, pero sólo lo estrenaré el día en que vuelvas. Sin embargo, para darte una prueba de cuánto agradezco tu regalo, te lo pago con otro, que ya habrás visto al leer estas líneas. ¿No es verdad que vale más que tu vestido? Dale muchos besos, amigo mío, y guárdalo en tu pecho hasta que pueda quitártelo de él tu esposa.»

Carlos levantó precipitadamente del suelo el objeto que al abrir la carta había caído. Era un marfil con un retrato en miniatura. ¡El retrato de Luisa! Carlos le contempló con una mirada vacilante y ardiente. ¡Era ella tan joven, tan apacible, tan linda! ¡Ella, con sus ojos azules implorando ternura, inspirando virtud! Ella, con su boca de rosa naciente, que parecía formada expresamente para rezar y bendecir, con su modesto seno cubierto con triple gasa, y sus cabellos de oro jamás profanados por la mano ni el hierro de un peluquero. Era ella, su amiga, su hermana, su esposa, la mujer elegida por su corazón, adivinada por su pensamiento... Y, sin embargo, él la veía con una especie de disgusto, él la tenía en su mano sin llegarla a su pecho ni a sus labios. El sentimiento de su falta le prestaba en aquel momento una timidez que pudiera equivocarse con la frialdad.

Parecíale que aquella boca muda le reconvenía, que aquella mirada fija penetraba hasta el fondo de su conciencia, y arrojó la desventurada imagen con un involuntario movimiento de terror.

Cubriose el rostro con las manos y lloró como un niño.

Luego se levantó, alzó el retrato, pidiole perdón con una mirada triste y humilde, besole respetuosamente y le guardó con más serenidad, porque ya había tomado una resolución: una resolución más decidida, inmutable, la única que podía reconciliarle consigo mismo, y cuyo cumplimiento debía realizar muy pronto.

Esta resolución la conocerá en breve el lector, pues, por ahora, queremos volverle un instante al lado de Catalina y hacerle conocer lo que pasaba en el corazón de aquella mujer, hacia la cual nos lisonjeamos de haberle inspirado algún interés, de curiosidad por lo menos.

La condesa de S.*** recibió a su amiga en su tocador. En aquel santuario misterioso de la coquetería, en el cual todo lo que se veía denotaba el lujo y la molicie de una sultana. Hallábase, entonces, echada en un sofá descompuesta y en un completo descuido la brillante extranjera, cuyo rostro revelaba una profunda meditación.

-Catalina -pronunció a media voz Elvira.

La condesa levantó la cabeza y no pudo reprimir un gesto de disgusto al ver a su amiga.

-¿Eres tú, Elvira? -dijo, sin embargo, con forzada sonrisa.

Elvira se sentó junto a ella sin esperar que la invitase, y dijo tomando un tono serio y triste, que parecí impropio a su risueña y casi infantil fisonomía.

-Catalina, estás muy mudada hace algunos días.

-¿Lo crees así? -contestó la condesa con un tono que quiso hacer burlesco.

-Sí, así lo creo -prosiguió Elvira-, y lo que me aflige más es que adivino el motivo.

Catalina se inmutó y lanzó sobre su amiga la mirada de reina que sabía tomar siempre que intentaba desconcertar a un atrevido. Pero Elvira no se intimidó.

-Sí, Catalina, he conocido que tú, la mujer más obsequiada de Madrid, la que puede hacer gala de mayores triunfos, de conquistas más gloriosas, de homenajes más sumisos; tú, la fría, la indómita hermosura que se burla de las pasiones que inspira, te has dejado dominar por el capricho de vencer la selvática virtud de un pobre muchacho de provincia, sin mundo, sin brillo, sin otro atractivo que una hermosura que él mismo ignora.

La condesa se sonreía irónicamente mientras hablaba Elvira, como persona que se ve juzgada por juez incompetente, pero en su interior hacia esta reflexión.

-Muy visible y notable debe ser mi pasión cuando una mujer tan irreflexiva y ligera la ha conocido.

Elvira, que se había detenido un momento como para coordinar sus ideas, que, a pesar suyo no eran nunca muy unidas y consiguientes, prosiguió:

-Y tu orgullo sufre mucho al ver que todos tus ataques se estrellan en la dura corteza de esa rústica fidelidad conyugal.

La condesa se incorporó con viveza, y tomó un tono frío e irónico.

-¡Pues qué! ¿Supones que yo trato de combatir esa fidelidad, que soy el ángel malo que viene a tentar a la virtud?... ¿Supones, además, que mis criminales esfuerzos son infructuosos y que sólo saco de ellos la humillación de una derrota?

-No, creo solamente que quisieras castigar a un joven necio que no ha rendido homenaje a tu mérito, obligándole a que te ame, sin duda para luego despreciarle. No he querido decir otra cosa. Pero ese joven sabes tú que no es libre, que tiene una esposa, que su amor sería para ti una injuria y no un homenaje.

-¿Me crees capaz de tomar por pasatiempo la desunión de un matrimonio? ¿Crees que atacaría a la felicidad de dos personas para satisfacer un ruin impulso de vanidad, aun en el caso de que semejante conquista pudiese lisonjearme?

-Pero -observó Elvira, que empezaba a hallarse embarazada-, como tú observas una conducta con él que pudiera interpretarse...

-¡Y bien! -dijo con impetuosidad la condesa- Creí un deber de mi amistad decirte que haces mal en obrar de ese modo.

-¿Conque eso es todo? -dijo sonriendo Catalina, pero sin poder disimular, no obstante, su artificiosa jovialidad el despecho que la agitaba. ¿Tú quieres, a fuer de amiga prudente y concienzuda, advertirme que hago mal en atacar la virtud de tu primo y que ésta es invulnerable?

-Sé que ama tiernamente a su esposa, que no tiene bastante mundo para comprender tu conducta respecto a él, y que puede interpretarla de una manera que te agravie.

-¿Te ha dicho algo respecto a eso? -preguntó vivamente la condesa.

-No, pero hace días que le noto descontento, de mal humor, y hoy mismo me ha hablado de ti con poquísima estimación.

-En ese caso -dijo la condesa con movimiento irreprimible de cólera-, eres muy necia, Elvira, en reconvenirme por mi conducta hacia él. Si no me estima, fuerza es que me desprecie, y yo... Escucha -añadió con una mirada iracunda y feroz-, yo no perdono nunca el desprecio de aquéllos a quienes no puedo devolverlo.

Elvira casi tuvo miedo. Nunca había visto aquella mirada ni oído aquel acento en Catalina. Entonces, por primera vez en su vida, conoció, como por instinto, que en el alma de aquella mujer dormían pasiones violentas, que aquella criatura frívola, alegre e inofensiva, no podía comprender.

La condesa procuró calmarse y la preguntó:

-¿Cuándo has hablado de mí con Carlos en este día?

-Antes de que tú fueses a mi casa.

-¡Ah! -dijo Catalina.

Y ese «¡Ah!» que no comprendió Elvira, encerraba todo un triunfo del orgullo, toda una satisfacción del corazón. Era cuando estaba ofendido, celoso, cuando Carlos había hablado con dureza de ella. Era antes de la escena que le había dado la certeza de ser amado.

-¿Y después...? -dijo.

-Después no lo he visto. Siento un principio de odio contra ese hombre -respondió con sencillez Elvira.

-¿Y crees que le amo?... -dijo Catalina mirándola con una especie de curiosidad inquieta.

-No, creo solamente que quisieras que él te amase.

-Y eso en tu concepto es imposible.

-No sé, pero en mi concepto eso sería un triunfo bien mezquino para ti y una gran desgracia para él.

-¡Una gran desgracia para él! -repitió Catalina, y quedose un momento pensativa. Luego levantó la cabeza y su bello rostro apareció tan despejado y tan pálido como de costumbre.

-Te agradezco cuanto me has dicho, amiga mía -dijo levantándose y tomando por el brazo a Elvira-. Has tenido mala elección en las palabras, pero descubro la bondad de tu intención. Yo te aseguro que no será desgraciado por causa mía... ¡Te lo juro! Ven, quiero vestirme para ir contigo a paseo. Esta noche estamos convidadas a un baile en casa de la duquesa de R., mi rival, la nueva conquista del marqués. Ya conoces que es preciso eclipsarla.

Elvira abrazó a la condesa llorando de alegría. Acababa de recobrar a su amiga. Veíala otra vez brillante, coqueta, feliz, y se decía con orgullo:

-Esto es obra mía.

Siguiola saltando como un niño a quien promete su madre un bonito juguete, y Catalina la miró con la misma tierna indulgencia de una madre, que se hace pueril también para ser mejor comprendida.

- XV -

Carlos volvió a su casa ya muy próxima la noche. Estaba serio y tranquilo. Venía de tomar un asiento en la diligencia -muy recientemente establecida en España en aquella época-, que debía salir al amanecer para Sevilla.

Dio algunos pasos por su cuarto. Enseguida llamó y dijo a su criado:

-Baldomero, ¿mi prima está visible?

-No está en casa, señor, ha comido con la señora condesa y ahora mismo acaba de venir y de llevarse su doncella y uno de sus mejores trajes, pues creo se vestirá en casa de la señora condesa para ir juntas a un baile.

-Bien, es decir, que no volverá hasta mañana: tanto mejor. Baldomero, un acontecimiento imprevisto me obliga a marcharme al amanecer para Sevilla, y como mi prima se afectaría con esta noticia, conviene que no se sepa nada hasta que vuelva del baile.

Ruégote que me arregles esa maleta mientras yo escribo dos cartas de despedida. La una se la darás mañana a tu señora, la otra la llevarás después a casa de la señora condesa.

Sentose y escribió rápidamente algunas líneas en la que, pretextando una carta de su padre que le llamaba con precipitación a Sevilla, se excusaba con su prima de no poder esperar su vuelta para despedirse verbalmente, y concluía con los cumplimientos de costumbre en tales casos.

Después tomó otro pliego de papel y meditó largo rato antes de comenzar a escribir. La serenidad de su frente se turbó algún tanto, y su mano no parecía muy segura cuando principió a trazar las primeras líneas. Varias veces suspendió su tarea y se paseó agitado por el cuarto; varias veces también se acercó a una ventana como si necesitase respirar el ambiente fresco de la noche. Por fin, el reloj sonaba las doce cuando concluía esta carta, que dirá mejor que todas nuestras observaciones el estado de su alma durante aquellas horas:

«Voy a partir, Catalina, voy a dejar Madrid, sin despedirme de Ud. sin manifestarla toda la gratitud que sus bondades me inspiran.

»Si la viese a Ud. otra vez no tendría valor para consumar un sacrificio que me imponen imperiosamente el honor y el deber.

»¡Catalina! Cuando vínculos santos, que respeto, me unen para siempre a una joven inocente, buena, digna de ser adorada, sólo siendo un malvado pudiera permanecer por más tiempo cerca de Ud., la más seductora, la más irresistible, la más superior de las mujeres que existen. No sé si es compasión, capricho o una desgracia simpatía, el impulso que ha obligado a Ud. a pronunciar palabras que me han vuelto loco, palabras que me hubieran dado orgullo, gloria... Palabras que me hubieran elevado a la cumbre de la ventura humana si fuese libre y digno de Ud., pero que me han hecho profundamente culpable y desventurado cuando he traído a la memoria mi estado, mis deberes, la muralla de hierro que nos separa. ¡Catalina! Hasta esta mañana no he conocido la naturaleza del sentimiento que Ud. me inspira. ¡Insensato! No me parecía posible amar más de una vez en la vida.
Creía que un corazón otorgado a un objeto digno a la faz del cielo quedaba defendido por la protección de ese mismo cielo que autorizaba su juramento... ¡Catalina! Yo era un ignorante y no me conocía a mí mismo. ¡No, no sospechaba que pudiese mi corazón ser ingrato, perjuro, mudable!... ¿Y lo es acaso? ¡Ah! No, no lo crea Ud., señora, no me desprecie Ud. como a un miserable. Yo amo y venero a la angélica mujer cuya posesión me ha hecho, durante más de un año, el hombre más feliz de la tierra. Yo he jurado hacer su dicha y antes sabré morir que faltar a esta sagrada promesa.

»Pero es fuerza huir de Ud..., y huyo de Ud. porque su presencia me ha llegado a ser una necesidad de mi vida. Porque si Ud. no viese en mí más que un amigo, el menos brillante de los muchos que la rodean, padecería cruelmente sin tener el derecho de quejarme, y si Ud. me amase... ¡amarme Ud.! Catalina, ¿qué insensato renunciaría a semejante ventura...? Perdone Ud., no sé lo que la digo. Si Ud. me amase huiría de Ud. con más fuerte motivo. Si ese amor es para Ud. un pasajero capricho, yo sólo sería desgraciado; si era una pasión como la mía, ambos seríamos tan criminales como infelices. De todos modos, es fuerza separarnos, y ¡ojalá que nunca nos hubiésemos visto!

»Si esta resolución la causa a Ud. alguna pena, perdónemela Ud., Catalina; pero no será así, no. En este momento, en que yo me despido de Ud. para siempre con agonías de mi corazón, Ud. baila, Ud. recoge adoraciones, Ud. es bella y amable para todo el mundo..., y todo el mundo vale mucho más que un pobre joven como yo, sin más tesoro que un corazón que ya le han quitado, que ya no puede ofrecer a nadie.

»¡Catalina! Todo debe ser pasajero en quien vive en esa agitada atmósfera de placeres. Pronto, muy pronto, borrará de la memoria de Ud. el débil recuerdo de su infeliz amigo. Pero yo, ¡ah!, plegue al cielo que encuentre en la satisfacción de haber llenado un deber sagrado la compensación de haber sacrificado una felicidad inmensa.

»¿Una felicidad?... ¡Yo deliro!... ¿Cuál es, ¿dónde está esa felicidad? ¿Puede existir en el crimen? ¡El crimen asociado a Ud., Catalina! ¡El crimen en su amor! ¡Oh! Esto es imposible.

»Pero vuelan las horas... Aún hablo a Ud., aún tengo la esperanza de que Ud. se ocupe de mí un momento. Dentro de algunas horas todo habrá concluido.

»Compadezca Ud. a su amigo, Catalina, pero sea Ud. feliz... Sí, sea Ud. feliz, y permítame por primera, por última vez, decirla que la amo, que quisiera ser libre... ¡que soy muy infeliz!»

Cerrada esta carta y entregadas ambas a Baldomero, Carlos, concluyó sus preparativos de marcha y esperó la hora con ansiedad dolorosa.

Eran apenas las dos cuando oyó parar a la puerta un coche, y poco después oyó subir a Elvira. Prestó atención temiendo que su criado la dijese algo respecto a su marcha, pero se sosegó oyendo decir a su prima:

-Mariana, no me esperaba Ud. tan pronto, ¿no es verdad? Catalina, que ha bailado como una loca, se sintió mala y se retiró, y cuando ella no está en una función ya no me divierto. Pero venga Ud. conmigo a mi alcoba, quiero acostarme al momento porque vengo con un sueño irresistible. Es natural porque no he dormido anoche y hoy me levanté muy temprano: ¡a las doce!

Elvira continuó a su aposento hablando con su doncella, y poco después el silencio profundo que reinaba en la casa advirtió Carlos que todos dormían.

-¡Ha bailado como una loca! -repitió varias veces, mientras que apoyado en su balcón seguía con los ojos algunas nubecillas que el viento arrebataba, y que interceptaban a intervalos la pálida claridad de la luna.

-¡Todo pasa!... -añadía-, todo pasa rápidamente en ese corazón insaciable, tan rico de emociones, tan pobre de afectos. ¡Vale más que así sea! ¡Oh, Luisa! Tú no sabrás nunca decir tan bellas cosas del sentimiento, pero lo conocerás mejor. Tú no sabrás deslumbrar con el cuadro de una felicidad imposible, pero se lo harás gozar al hombre que amas. ¡Oh! Muy culpable he sido algunos momentos pensando que ella era más capaz que tú de una pasión delirante y profunda. Yo expiaré este error a fuerza de amor, de veneración, de culto.

Apartose de la ventana y se echó vestido en su cama, donde sólo pudo permanecer algunos minutos. La quietud le era imposible. Volvió a levantarse, se paseó, se sentó, tomó un libro, le dejó para volver al balcón, y en esta continua agitación estuvo hasta que comenzó a aclarar un poco y Baldomero llegó a advertirle que iba a amanecer. Hízole cargar con su maleta, dio una larga y triste mirada hacia el aposento de su prima, que tantos recuerdos encerraba para él, y salió sin hacer ruido, con aquella emoción que siempre sentimos al dejar un sitio al cual no esperamos volver jamás.

Cuando llegó estaba ya la diligencia en disposición de partir. Su asiento era en la berlina y el mayoral le dijo que sólo por él se aguardaba. Subió inmediatamente, embozose perfectamente en su capa, porque la madrugada era fría, como lo son regularmente en Madrid las del mes de abril, y se sepultó en su asiento sin decir una palabra a la única persona que tenía por vecina, y que a la escasa luz de la aurora naciente pudo distinguir era una señora.

La diligencia partió y Carlos respiró como aliviado de un peso enorme. La fatiga de varias noches de insomnio y agitación, el movimiento del carruaje, el monótono son de las campanillas, y la soñolienta humedad de la madrugada, le aletargaron muy pronto y quedose adormecido. Otro tanto debió suceder a su vecina, pues envuelta en un gran mantón de merino y cubierta la cabeza por una gorra de terciopelo, que sustituyó al sombrero para mayor comodidad, se dobló hacia delante, apoyó sus codos en sus rodillas y su cabeza en sus manos, y bien pronto pareció tan adormilada como Carlos.

El sol estaba ya muy alto cuando despertó éste. Su vecina había mudado de posición y estaba casi caída en su hombro. Carlos no la rehusó el apoyo. Acercose para que la cabeza de la viajera descansase más fácilmente sobre su hombro, y como en esto no había más que un movimiento natural de la protección y piedad que todo hombre joven dispensa al sexo desvalido, enseguida inclinó él la cabeza hacia el otro lado, y entregose a sus cavilaciones. La diligencia se detuvo a mudar los caballos sin que se despertase su vecina, y para no molestarla no bajó él, como hicieron todos los viajeros.

Estaban ya muy próximos a Ocaña donde debían comer, y Carlos empezaba a sentirse molestado de la posición en que se encontraba y pensaba en el modo de libertarse del peso de la cabeza de su compañera de viaje, cuando ésta se agitó un poco como si empezase a despertar, y su voz murmuró algunas palabras entre las cuales creyó Carlos distinguir su nombre.

Despertó, en efecto, la señora. Incorporose y por un movimiento natural volvió los ojos hacia a aquél de cuyo hombro levantaba la cabeza.

Un grito se escapó al mismo tiempo del pecho de ambos.

-¡Carlos!

-¡Catalina!

- XVI -

La diligencia entraba ya en Ocaña y los dos viajeros de la berlina, que se devoraban con los ojos, aún no habían acertado a explicarse mutuamente por qué casualidad se encontraban juntos. Las primeras palabras que se dirigieron uno a otro nada decían, nada aclaraban.

-¿Ud. aquí, Catalina?

-Carlos, ¿es Ud.?, ¿es Ud. realmente al que veo, o mi imaginación me engaña?

-¡Oh, Catalina! ¡Conque aún nos vemos, conque aún nos hablamos!

Y uno y otro callaron apretándose las manos con efusión. Hay sensaciones en la vida que ningún hombre puede comprender ni explicar en el momento en que las experimenta. Se gozan en silencio, se gozan sin examen: no se busca su origen, no se prevén sus consecuencias. Parece que al menor esfuerzo, al más leve contacto, por decirlo así, podemos destruir su encanto, y nos abandonamos a ellas sin intentar explicárnosla. La condesa y Carlos no se preguntaban nada, nada se decían. Se hallaban juntos, ren felices en aquel instante: poco les importaba conocer cómo y porqué.

Pero la diligencia se detenía delante del parador, y los viajeros se daban prisa a poner en libertad sus entumecidos miembros. Carlos bajó, tomó del brazo a la condesa y pidiendo una habitación sola entrose con ella, sin cuidar de lo que pensarían de aquella acción sus compañeros de viaje. Tenía una absoluta necesidad de estar solo con Catalina, de verla, de oírla, de saborear una dicha de la que media hora antes se creía para siempre privado.

Luego que estuvo solo con ella echose a sus pies.

-¡Catalina! ¡Catalina! ¿Es la casualidad, es el cielo o el infierno quien nos reúne? ¡Catalina! -repitió con arrebatos de placer y dolor, ¿me ha querido Ud. seguir?, ¿es su voluntad de Ud., es su corazón quien arroja en mis brazos cuando yo huía, cuando yo me inmolaba a un deber tiránico? ¡Catalina! ¡Hable Ud., hable Ud. por Dios!

-¡Ud. me huía! -exclamó ella con un gesto de sorpresa- ¡Pues qué!, ¿no se hallaba Ud. en la diligencia por frustrar mi cruel resolución?, ¿no se descubrió Ud. mi viaje y sus motivos? ¡Carlos! Explíqueme Ud. esto. Nada comprendo ya.

-¡Ah, Catalina!... ¡Yo sí, sí! Empiezo a comprender... Y en tal caso vea Ud. el poder de un destino irresistible... ¡Oh, Dios mío! Esto me hará caer en un ciego fatalismo. ¡Catalina!

Yo he dejado Madrid para huir de Ud., ¡porque la amo!, ¡porque la amo locamente!, ¡y no tengo el derecho de ofrecer a Ud. mi corazón! Huía de Ud. porque era mi deber, y una carta que debían entregar a Ud. algunas horas después de mi marcha, la hubiera revelado la ejecución y la grandeza de mi sacrificio.

-Tiene Ud. razón -dijo ella después de un instante de silencio-, ¡hay un destino! Hay un poder de fatalidad más poderoso que la voluntad humana. ¡Carlos! Yo también he dejado en Madrid una carta para Ud. pero conservo su borrador... en esta cartera. Léala Ud.

Carlos tomó el papel que le presentaba y acercándose a una ventana le recorrió con ojos ansiosos, mientras la condesa reclinada en su sillón parecía rendida de cansancio o emoción. La carta contenía estas palabras:

«¡A Dios para siempre, Carlos! No puedo tener valor de destruir su felicidad de Ud. ni aun para conquistar la mía.

»Elvira ha pronunciado en este día una palabra que ha decidido de mi suerte. Al conocer que era amada todo lo olvidé, ¡todo! Hasta el obstáculo insuperable que nos divide. La voz de la amistad ha venido a despertarme de tan peligroso sueño gritándome: 'él es feliz y virtuoso, ¿quieres ser a la vez el asesino de su dicha y de su virtud?' ¡Ah, no! ¡Jamás! Carlos, quiero merecer su estimación de Ud., ya que no me es permitido merecer su amor.

Tengo algunas posesiones en un pueblo de La Mancha y voy a pasar en ellas todo el tiempo que Ud. permanezca en Madrid. Deseo la soledad y de ella espero un reposo de espíritu que en vano pediría a la vida de las grandes ciudades. He intentado aturdir mi corazón con las fiestas y placeres a que hace cuatro años vivo entregada. He conocido que mi mal se aumenta con los remedios que empleo para curarle.

A nadie he dicho mi determinación, pero la tengo tomada desde esta mañana. Son ahora las tres de la madrugada y aún estoy en traje de baile. He oído repetir en tormo mío: '¡Qué feliz es! '; ¡cuando yo bailaba con la sonrisa en los labios y la muerte en el corazón! Porque la muerte para mí es no ver a Ud. Es renunciar para siempre... ¡Carlos! ¡Carlos! ¡A Dios! Sea Ud. feliz y si algún día oye Ud. decir que yo lo soy no lo niegue Ud., pero conserve la convicción de que es imposible.»

Acercose a ella cuando hubo leído esta carta y asiendo sus manos con una especie de desesperación:

-Ya Ud. lo ve -la dijo-, ambos hemos querido inmolarnos a la virtud y la virtud no ha aceptado nuestro sacrificio. Intentamos huir y nos hemos encontrado a pesar nuestro. ¡Catalina! Yo la amo a Ud. y aún estamos juntos. ¡La felicidad o la desgracia, la virtud o el crimen! Deme Ud. lo que quiera. Mi destino está en sus manos.

-¡Nos separaremos! -exclamó ella, haciendo sobre sí misma un doloroso esfuerzo- No podrá más que nosotros una casualidad caprichosa. Nos separaremos, Carlos, y no con el dolor de no hacernos dicho un último y tierno adiós. Aún tendremos horas, dulces horas de intimidad y cariño. Viajaremos juntos como dos amigos, como dos hermanos.

-En La Mancha nos separaremos y el recuerdo de estos últimos momentos de dicha, debidos al acaso poblará por mucho tiempo mi soledad.

E inclinada hacia él, derramaba en sus manos abundantes lágrimas.

Carlos la contemplaba con la avidez de un amor comprimido. Había en su mirada como una mezcla extraña del delirio del amante y de la timidez del niño. Estaba hermoso en aquel combate interior que daba a su rostro una expresión particular, y en el cual cualquiera mujer hubiera leído que había aún para aquel corazón muchas sensaciones en la vida nuevas y desconocidas.

Si el dominio de un corazón fiero o experto lisonjea a una mujer, también se goza en la posesión de un alma joven y apasionada, que le arroja indiscretamente todos sus tesoros de ternura y de ilusiones. El amor de Carlos tenía estos dos atractivos, y debía lisonjear por ambas causas. Era un triunfo vencer a la vez su orgullo y su virtud, y aún se encontraba en su pasión ese encanto inexplicable, ese aroma divino de respeto, sumisión y pureza que con tanto dolor echan de menos las mujeres cuando son amadas de los que solemos llamar hombres de mundo.

Catalina respiraba con delicia aquel perfume de un amor tan puro, aunque culpable. Carlos estaba a su lado, la sostenía en sus brazos y no tocaba con sus labios ni aun las trenzas de sus cabellos que rozaban con su semblante. En aquel momento ella se sentía tan dichosa que no le pareció posible ser culpable.

-Carlos -le dijo fijándole de cerca con sus ojos fascinadores-, la virtud que condenase una felicidad tan pura sería una virtud feroz.

-¡Y bien! -respondió él con aquella resolución imprudente y apasionada de un corazón joven- ¡Si ella la condena castíguenos!, ¿no valen estos momentos toda una vida de expiación?

-¿Y por qué, por qué injuriar nuestros corazones creyéndoles incapaces de sentimientos nobles y santos? -dijo Catalina- ¿Qué es el amor?, ¿no es la más involuntaria y la más bella de las pasiones del hombre? El adulterio, dicen, es un crimen, pero no hay adulterio para el corazón. El hombre puede ser responsable de sus acciones, mas de no de sus sentimientos. ¿Por qué sería un crimen en Ud. el amarme?, ¿no podría sentir por mí sino un amor adúltero y criminal?, ¿no podría Ud. amarme como no se ama a una esposa, como no se ama a una querida, sino con aquel amor casto, intenso, purificado por los sacrificios, con aquel amor con que se deben amar las almas en el cielo?, ¿no podría Ud., Carlos?

-¡Ah, sí! -respondió él con entusiasmo-. Pasaría mi vida a sus pies de Ud. embriagándome de una mirada, de un acento, de una sonrisa. Velaría protegiendo su sueño cuando Ud. durmiese en mis brazos, y al despertarse en ellos estaría tan pura como la luz del día, que comenzase. Sí, Catalina, sí, deme Ud. sin crimen la felicidad de vivir a su lado y nada más pediré, y seré feliz. ¡Feliz con toda la felicidad posible en la tierra!

-¡Y yo lo sería también, Carlos! ¡Ah! No, nunca pediría a Ud. mi corazón el sacrificio de sus deberes. La felicidad que diese a su esposa aumentaría la mía, y cuanto más justa, más noble, más virtuosa fuese la conducta de Ud., más justificado creería mi cariño. Las virtudes de Ud., ¿le harían menos amable a mis ojos?

¡Ah! ¡Carlos! La más feliz, la más honrada con ellas, sería su mujer de Ud., pero no la más honrada con ellas, sería su mujer de Ud., pero no la más orgullosa. Su amiga de Ud. que no tendría el derecho de adornarse con esas virtudes, las adoraría en el secreto de su corazón, y le bastaría el placer de premiarlas con una mirada que sólo Ud. comprendiese, que sólo Ud. gozase.

-Calle, calle Ud., por Dios -exclamó él apretando sus manos contra su palpitante corazón-. Calle Ud. porque me vuelvo loco. ¡Catalina! ¡Mujer adorada! Sí, el amor que tú sientes, que tú inspiras, no es un amor sujeto a leyes generales. Tu alma sublime le engrandece y le purifica. ¡Pues bien! No hables de separarnos. ¡Sé, mi amiga, mi hermana!, pero no me dejes nunca.

Una ronca voz gritó a la puerta.

-¡A la diligencia! ¡Señores! A la diligencia.

-¡Catalina!

-¡Carlos!

-¿Consientes?

-Te amo.

-Yo haré que no te arrepientas nunca.

-¡Señores, a la diligencia! ¡A la diligencia! -repetía el mayoral.

Carlos abrió la puerta.

-Mayoral, los dos viajeros que ocupábamos la berlina la dejamos libre y a disposición de Ud. Haga Ud. bajar nuestras maletas.

-¡Carlos!..., ¿y ahora?

-Ahora a Madrid, a Madrid, porque ya que soy feliz no estoy triste, no tengo remordimientos ni inquietudes, ni celos... Ahora gozaré en tus placeres, seguiré tu caro de triunfo, me confundiré entre tus adoradores. Brilla, goza, sé adorada, pero guarda para tu amigo esa mirada, esa sonrisa que deben ser su única felicidad sobre la tierra.

-Pero -dijo ella- ¿no podríamos ambos en La Mancha...?

Carlos la miró con una expresión que la hizo comprender lo que no osaba decirla.

-Es verdad -dijo entonces apretándole la mano-, vale más estar en Madrid. Pero en cualquier parte, en la soledad más profunda, amigo mío, yo sabría responder de tu corazón y el mío.

-Yo responderé siempre de mi corazón -la contestó él oprimiéndola en sus brazos-, pero no de mi razón, Catalina. Te he jurado ser digno de tu amor sublime y casto, déjame los medios de cumplirlo.

-Haz lo que quieras -dijo ella-, mi vida es tuya.

FIN

Made in United States
Orlando, FL
02 May 2022

17424401R00036